扩散之演进研究

何振波——著

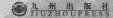

九 州 出 版 社
JIUZHOUPRESS

图书在版编目（CIP）数据

乡村创新扩散之演进研究 / 何振波著. -- 北京：
九州出版社，2023.7（2024.1重印）
ISBN 978-7-5225-2065-0

Ⅰ．①乡… Ⅱ．①何… Ⅲ．①农村经济发展－研究－
中国 Ⅳ．①F323

中国国家版本馆CIP数据核字(2023)第152462号

乡村创新扩散之演进研究

作　　者	何振波　著	
责任编辑	杨鑫垚	
出版发行	九州出版社	
地　　址	北京市西城区阜外大街甲 35 号（100037）	
发行电话	(010)68992190/3/5/6	
网　　址	www.jiuzhoupress.com	
印　　刷	永清县晔盛亚胶印有限公司	
开　　本	880 毫米×1230 毫米　32 开	
印　　张	6.125	
字　　数	131 千字	
版　　次	2023 年 7 月第 1 版	
印　　次	2024 年 1 月第 2 次印刷	
书　　号	ISBN 978-7-5225-2065-0	
定　　价	68.00 元	

序

农村的发展问题，是一个老课题，也是新课题。之所以老，是因为大家都知道国家现代化首先是农业农村的现代化，提高农业生产质量水平，改善农民生活状况，必须有强有力的农业科技支撑；之所以新，是时代在发展，农村的制度在发生变迁，农民的素养在不断提高，媒介发展日新月异，农业发展有新挑战新机遇，永远有新的问题等待我们去研究和探讨。乡村振兴战略的实施和农业供给侧改革，都在呼唤农业科技的高效发展。

农村新技术的扩散问题，是我从大学时代就关注的问题，起因说来话长。1996 年，我还在大一下学期，父亲从乡镇的供销社下岗回家了。我父亲是恢复高考后第一批考上大学的，学了棉检专业，后来分配到计划经济时代曾经很让人羡慕的供销社，这样的经历一度让他成为家族甚至整个村庄的骄傲。谁能料到随着时代的发展，随着计划经济转变为市场经济，供销社就这样逐渐没落下去了呢？所以下岗后，他很是忧郁了一段时间。我也从那时候意识到，一个人的命运其实并不是完全由自己掌握的，国家的政策变迁对于个人的命运起伏往往有着决定性的影响。

父亲下岗后就回到农村，他在农村并没有土地。幸好我考上大学以后很久，村里的土地也没有变动，所以虽然我的户口迁出去了，但是我的那一亩多地还是归我家种，只不过从口粮田变成了机动田，每年多交百分之三十的机动粮而已。父亲就种我原来那块地，开始了他下岗后的农民生涯。

作为一个大专文凭的下岗工人，父亲当农民也是不甘心平凡的，他要从土地里种出"金子"来。正好赶上镇上正在鼓励扶持农民种植温室蔬菜，他就动了种菜的念头。因为需要的成本是比较高的，而我和弟弟读书又需要很多钱（我读大学那一年正好赶上高考招生"并轨"，学费跟上一个年级相比直接翻倍），所以母亲并不同意。我上大学以后，开始参与家里大事的讨论和决策。在这件事上，我对父亲持支持态度。于是，我家的温室在贷款借钱等各种办法之下，终于建起来了。父亲买了很多种植蔬菜的书籍，开始默默研读实践。前两年因为技术掌握不好可以说都失败了，后面才慢慢摸到门道，走上正轨。那两年挺艰难，一开始政府是给了一部分无息贷款的，但是这个使用时间有限制。正常来说，当年蔬菜销售后就能还上贷款。可是因为种植的失败，第一年基本是血本无归，于是父母少不了"拆东墙补西墙"，还要承受别人的冷嘲热讽。

我就在这个过程中，观察并参与了进去，开始了对农村新技术扩散问题的初步研究。后来读研期间恩师孙五三先生鼓励我好好研究这个问题，从社会学角度给了我很多指导，拓宽了我的思路。再后来工作了以后，每年都要回老家，习惯性带着对这些问题的关注，年复一年进行了研究。几乎每一次回去，都要跟村里的领导交流，找卖卫星天线的家电销售商谈谈，跟村里的农户座谈，看看村里有什么新变动，这些变动的来源和原因出处，都要搞明白。因为我的访谈，其实也改变了一些人的生活。直到现在，最早给我提供信息的姥爷都已经去世十几年了，我才慢慢累积了这些资料。

后来，我又接触到临沂市莒南县乡村振兴局的工作人员，了解临沂那边的农业技术扩散情况，进行了对比研究。尤其是在农村发掘了几个很有代表性的人物，比如高中毕业后留在农村一生学习过若干种农业新技术但并未成功的50后农民，再比如脚踏实地埋头苦干带着村民养猪、搞塑编的70后村支书和靠养猪以及在快手上发养猪视频逐渐积累粉丝的80后农民，他们的经历就是农村新技术扩散的一个缩影。

我们可以看到，政府从主导新技术扩散到逐步走向提供更多公共服务给予农民更多可选择的机会，正在发生着制度性的变迁，中国农村正在逐步探索出具有地方特色的产业化发展模式。于是我按照时间的顺序进行了梳理，发现农村新技术扩散的过程，新中国成立以后在计划经济体制下，属于强制性扩散，后来随着市场经济的改革，政府的推广方式逐渐发生了变化。我提出了"半强制性扩散"的概念。因为市场因素逐渐接入农业生产过程，政府只能利用大众媒介进行宣传，给农户设置"议程"，又采用激励措施动员村干部和一些村民，以此提高新技术的采用率。然后，随着农业技术市场逐渐发展和完善，随着农村信息公共服务水平的提高，农民信息素养在提高，获取新技术信息的手段不断增多，政府推广新技术的力量在农民那里感觉逐渐淡化，实际上仍旧处于一种半强制性扩散状态，只是政府在更宏观的层面上进行调控，以市场化的行为参与和主导着一些新技术的扩散过程。

影响新技术扩散的因素是多方面的，甚至是错综复杂的，本书主要探讨了制度变迁的影响、创新采用者的影响以及传播渠道的影响这几个方面，还有更多的方面需要去总结和提炼，在以后的研究中，希望能再接再厉。

目 录

绪　论

中国是一个古老的农业国家，自古以来，无论社会制度如何变化，农民始终是我国的主要生产力。新中国成立以来，国家也一直重视农民生活和农业的发展。乡村振兴问题一直是近年专家学者们研究的重要问题。党的十九大报告中提出要"坚持优先发展农业农村，加快推进农业农村现代化"，并把"构建现代农业产业体系、生产体系、经营体系"作为乡村振兴战略的主要措施之一。党的二十大报告中又继续强调"坚持农业农村优先发展，坚持城乡融合发展，畅通城乡要素流动。扎实推动乡村产业、人才、文化、生态、组织振兴"。在农业发展过程中，新技术的应用是必然趋势，科学技术只有真正推广到农业生产中，才能减轻农民生产的劳动强度，降低农业生产成本，高效出产农作物，才能真正推进农业农村现代化，促进我国农业发展。

此外，农村社会的进步，不仅依靠农业新技术的扩散，更需要各种新思想、新观念在农民群体中的扩散，思想上的进步才能引领行动上的进步。党的二十大报告中明确提出："从现在起，中国共产党的中心任务就是团结带领全国各族人民全面建成社会主义现代化强国、实现第二个百年奋斗目标，以中国式现代化全面推进中华民族伟大复兴。"中国的现代化不仅仅要实现物质的富有，还包括精神的富有。要实现物质文明和精神文明的共同发展，就需要各种新思想、新技术、新产品的扩散。中国农村社会正在发生着结构的变迁，中国农村传播结构和传播模式也在发生着形式与内容的演进，这些都对农村创新扩散模式产生重大影响。

第一节　研究背景

一、问题的提出

中国要实现现代化，首要的是实现农村的现代化。乡村振兴对于国家发展有着深远的意义，其中"三农"问题——农村、农业、农民是我国的主要问题，是关系国计民生的根本性问题。2018 年 1 月 2 日，2018 年中央一号文件《中共中央国务院关于实施乡村振兴战略的意见》提出，要大力实施乡村振兴战略。2019 年中央提出，农业要强化创新驱动发展，要加强现代农业科技推广应用，要培育一批农业科技创新的力量，积极发展绿色农业、生态农业、高效农业。2021 年 3 月，中共中央、国务院发布了《关于实现巩固拓展脱贫攻坚成果同乡村振兴有效衔接的意见》。该意见指出，做好巩固拓展脱贫攻坚成果同乡村振兴有效衔接，关系到构建以国内大循环为主体、国内国际双循环相互促进的新发展格局，关系到全面建设社会主义现代化国家全局和实现第二个百年奋斗目标。

乡村振兴战略是解决"三农"问题的根本，为更进一步解决

"三农"问题提供了指导，为新时代农业、农村、农民问题的全面、协调推进提供了解决措施，为全面建设小康社会在纵横两个方向提供了向导。

对于"三农"问题和乡村振兴战略，许多学者对其进行分析研究。刘守英（2017）认为，我国目前部分乡村已经衰败了，因为在我国传统的小农经济社会中，农民以农业为主兼具工匠的角色，农户既是家庭农场的经营单位，也是手工业生产单位，这种有机结构基于对土地依赖性，具有流动性低的特点，因此在乡村也保持了高度自治的"双轨政治"秩序。当西方机器工业品进入乡村后，乡村的有机结构被破坏，乡村社会处于多次危机颠覆下，具体表现为农业成本利润率的下降、农村人口的减少以及村庄的缩并。在"城乡中国"结构下，农二代离土离村，而城市资本及劳动力等生产要素在城乡之间的对流增强，城市对乡村的需求日益增加，一二三产业开始在更高层次上融合发展，这些改变导致农业产业的功能、形态、发展方式发生了变化，乡村制度及治理体系随着村庄功能的演化而产生了变革，城市文明与乡村文明开始共融共生。之前国家政策主要集中在农业，即粮食安全和农民增收。现在中央提出的乡村振兴战略抓得比较准。[①]农村要发展，就应当实现农业工业化，主导发展优势产业，通过扩大产业面积、进行农民培训、培育农产品品牌等方式，使农业生产率提高。

王立胜（2018）主要在当下党和国家主导的"城乡融合"角度下对"三农"问题进行分析研究，他认为我国农村发展要优先

---

① 刘守英. 乡村振兴的政治经济学 [C/OL].(2019-08-01)[2023-2-15].
https://www.sohu.com/a/330915704_739032

推动农村土地制度改革，增加内生动力，发展农村集体经济，鼓励农民返乡创业，构建良性的乡村治理体系，同时重视新技术革命对现代农业产业体系、生产体系、经营体系的促进作用。[①]

这些研究都提到同一个问题，就是要解决"三农"问题，就必须将传统农业改造为现代农业。世界一般农业发展趋势是从传统农业经由混合农业转向现代农业。发达国家的农业走了这样的道路，中国在内的发展中国家也会走这条道路。而在走向现代农业的历程中，充满了农业技术创新和制度创新，这是一个技术变迁和制度变迁的过程。[②]

自 20 世纪 50 年代以来，通过自上而下的运动，中国的国家力量在农村全面介入，家庭中的个人成为集体支配的劳动力，家庭退守为单纯的生活单位。农村政治经济文化生活完全在政府的控制之下。

随着人民公社制度的终结，联产承包责任制的实行，改革开放的进行，高度集中的计划经济体制才逐渐打破，农村经济向着商品化和市场化方向不断推进。但由于我国农业长期投入不足、工农业产品剪刀差、农村剩余劳动力增加等原因，导致我国农业一直存在生产率低下的问题。数据显示，在 1996 年，我国农业科研投资强度仅为 0.37%，每一万农村人口中仅有四名农业科技人员。也就是说，在工业已经比较发达的时候，我国的农业还处于传统农业状态，就如同 1964 年舒尔茨发表的《改造传统农业》中所描

---

① 王立胜，刘岳. 乡村振兴战略：新时代农业农村工作的总遵循 [J.] 红旗文稿，2018(3):20-22.

② 杨戈. 走向现代农业——农业现代化与创新 [M]. 北京：中国经济出版社，2003：1.

述的，是以农民为主体的，世世代代凭经验生产，几乎没有农业技术提升，且相对封闭的农业。

舒尔茨认为，传统农业问题的要害在于生产要素是由传统的要素组成，即农业的技术含量没有提高，是一个相当传统的生产要素的低层次配置，农业要成为经济增长点，关键是要加强对农业中的人力资本投资，打破农业本身的封闭体系，使农业能够得到新的、现代农业的生产要素或生产技术。当时的很多学者也都指出了这一问题："中国现阶段农业已经演变到这样一个关键时刻，即如果不在农业中广泛采用先进科学技术，就不可能有效地解决发展中国农业的各种问题。"①

在这样的背景之下，农业新技术扩散研究具有相当重要的意义。创新扩散是传播学的重要理论模式之一。所谓创新，是一种被人们当作新的思想、观念、产品等的东西，这里的"崭新"不是以这些思想观念或产品的第一次问世作为标准，而是以社会系统中人们的主观感觉为标准。比如有的思想也许已经存在上千年，但当某个人第一次听说，对此人而言这就是新思想。不过，我们在一个社会系统中考察时，以某系统中所有人的主观感觉为准来界定是否为创新。

创新往往也不是完全独立存在的，如果说新产品是硬件，是有形的，那么新思想就是软件，是无形的，如同购买一个电脑里的硬件和软件一样，所以生产者会采取捆绑销售的策略。事实上，农民在采用新技术的时候，要先从思想上接触新的观点，再购买具体的新产品，进而会接触更多的新技术，因此这一现象启发了

---

① 许经勇. 中国农村经济改革研究 [M]. 北京：中国金融出版社,2001:128.

技术推广人员提出了技术簇的概念。

"扩散"是从物理学的术语引申而来，罗杰斯的定义是：扩散是创新通过一段时间，经由特定的渠道，在某一社会团体的成员中传播的过程，扩散是一个特殊类型的传播。[①] 扩散研究（diffusion research）又被译为散布研究，是指对社会进程中创新（新的观念、实践、事物等）成果是怎样为人知晓并在社会系统中得到推广的研究。而对农业新技术创新扩散的研究是创新扩散理论的重要组成部分，这是集农业社会学和传播学研究于一体的产物。

农业新技术的扩散受政治和经济制度变迁的影响。吴毅的研究认为，十一届三中全会以前，农业推广靠政府的命令进行，科技进入的国家规划和强制性是大集体时期中国农村社会新技术吸纳的主要特征。十一届三中全会以后，农村土地承包制度在激活了农业生产力的同时，也将科技引进与运用的主动权一并转移到了个体农户手中。改革开放以来，中国农村的科技引进正逐渐从政府行政行为向民间自发行为转化。对于政府的科技推广项目，"农民的回应程度主要取决于各个家庭不同的文化素质、经济实力、科技信息的获得程度以及农户是否以村庄为家庭经济的根基的功能综合性因素"[②]，已经与大集体时期的状况有了根本性的不同。随着中国农村改革的深入，在中国，农业新技术扩散过程正在发生着主导者、推广者和程序的波动。

---

① （美）埃弗雷特•M•罗杰斯.创新的扩散[M].北京:中央编译出版社,2002:5.

② 吴毅.村治变迁中的权威与秩序[M].北京：中国社会出版社,2002:312.

二、研究问题和目的

社会学的研究表明，在社会经济体制从计划向市场转型之中和之后，财政体制改革以及政府职能转变带来了我国乡镇政权角色和行为取向的各种转变。而随着制度转型的深入，农业新技术扩散作为农村经济生活的重要方面，也一直发生着新的变化。因此，本书试图描述并讨论的问题是：

1. 经过四十余年经济体制的改革，在农业新技术扩散过程中，政府的角色尤其是基层乡镇政府发生了什么变化，为什么政府的角色会发生这种变化。首先分析政府是如何选择并决策进行新技术推广的；然后探讨政府提供什么资源、采取什么措施和手段将新技术推广的决策付诸实践；并在此基础上界定政府各种措施和手段的性质，是行政命令、政策引导或是经济手段、法律上的强制？从而明确政府的角色变化路径。

2. 在农业新技术的扩散过程中，市场正在发生着怎样的作用？随着体制的变迁，农村生活中市场的作用呈现着不断变化的作用，它表现为农产品市场和农业生产中使用的化肥、种子、农药等的市场，还有技术市场，这些市场的发展对农业新技术的扩散有什么作用？

3. 处于制度变迁中的农民也正发生着变化，农民主体本身的教育水平、经历、思想在发生着改变，农民对于政府推广新技术的态度也是不同的。因为不同时期政府推广新技术的内容和方式不同，处在政府和市场之间的农民态度如何？他们如何看待政府提供的资源和信息，又如何看待市场提供的商品和信息？

4. 新技术扩散的进程，从知识阶段开始。人们首先关注并了解到创新，最终形成态度，进而采取行动，源于其本身的需要。当然，很多时候是受到创新技术的宣传和推销影响，进而开始思考自己是否需要改变。那么，农民对信息的需求状况以及农村信息公共服务提供状况如何？媒体的发展也正不断提高农民的媒介素养，改变着农民获取新技术信息的方式。农民的信息渠道在发生什么变化？

第二节　国内外研究综述

创新扩散问题在 1903 年就被法国社会学家塔尔德所关注，他指出：在一个社会中，如果有一百项想法或创意形式出现，往往只有十项被传播而另外九十项却被遗忘了。他认为对创新扩散具有最重要意义的因素是接受还是拒绝创新。他观察到，一个新的思想被人们所采用的速度通常不是直线，而是以时间为横轴的 S 形曲线。如果一个社会中居于领导地位的人采纳了某项新思想，那么这个曲线就会飞速上升。

但真正研究创新扩散影响较大的先驱者是瑞安（Ryan）和格罗斯（Gross），他们在 1943 年对艾奥瓦州玉米杂交种子的推广进行了研究。但对创新扩散以传播学的角度和方法进行研究的集大成者是曾经担任国际传播学会主席的美国著名传播学者罗杰斯（E. M. Rogers），他提出了创新扩散模式。该研究采用传播学和行为科学的研究方法考察技术或创新在一个社会系统中的扩散现象，即创新采用决策单位通过对技术创新的认识，从认知到采纳或拒绝的机制和过程。罗杰斯在 1962 年正式出版了《创新的扩散》一书，书中以 20 世纪 50 年代秘鲁政府在农村推广饮用开水的技术、英国对为预防远洋航船上海员因维生素 C 缺乏造成坏血病而配置的食物配方的推广、美国 1932 年发明的德夫瑞克键盘的非扩散三个案例来展开研究新技术的扩散，得出了社区传统习惯、人文风俗是影响技术传播效果极为重要的因素的结果。此后，几乎每隔十年此书就再版一次，对创新扩散理论发展中的各种观点兼收并蓄，加以综合和研究。罗杰斯的研究开创了传播学一个重要的领域。

一、罗杰斯的创新扩散理论内容

1. 创新

关于什么创新更容易扩散，罗杰斯提出了五指标特性谱系：第一是相对优越性，也就是一项创新要比它所取代的方法更先进优越，可以是经济效益上的增加，可以是社会地位上的改进，可以是心理上压力的舒缓等；第二是创新与既有环境、原有价值观、以往经验等的相容性；第三是创新的复杂性，那些对潜在消费者而言技术复杂的创新不如简单易学的创新扩散快；第四是可试验性，即潜在消费者在使用之前能进行试验和考察的可能性，可试验性有助于减少不确定性和风险；第五是可观察性，就是潜在消费者能观察到采用结果的明显程度，越容易观察到优越性的创新，个体就越容易采纳。

2. 传播渠道

罗杰斯认为，创新的传播渠道主要包括大众媒体传播和人际传播。

罗杰斯的创新扩散理论在传播渠道上是以拉扎斯菲尔德提出的"两级传播"理论为基础,认为大众传播的影响并不是直接"流"向一般受众,而是要经过意见领袖这个中间环节,即"大众传播→意见领袖→一般受众"。罗杰斯在他的《创新的扩散》中对"两级传播"的概念作了重要的补充和修正。罗杰斯把大众传播过程区分为两个方面:一是作为信息传递过程的"信息流",二是作为效果或影响的产生和波及过程的"影响流"。前者可以是"一级"的,即信息可以由传媒直接"流"向一般受众;而后者则是多级的,要经过人际传播中许多环节的过滤。这样,罗杰斯就把"两级传播"模式发展为"多级传播"或"N级传播"模式。

3. 创新采用过程

罗杰斯提出了采用新技术的五个阶段:知识、说服、决策、使用、确认。在整个知晓到确认的过程中,罗杰斯归纳出三组影响创新采用过程的变量,即:

第一,初试条件,就是创新扩散进行的环境状况,包括采用者过去的经验,他所面临的与创新相关的需求和问题,采用者的创新精神和其所处的社会系统的社会规范;

第二,采用者特征:指创新采用者的社会经济状况,他的人格或性格方面的特征,以及其传播特点(获取信息与外界交流的途径或方式);

第三,创新技术的特征:具有较多的相对优越性、兼容性、可试验性、可观察性以及更少复杂性的新技术比其他新技术将更快被人们采用。

4. 创新采用者分析

罗杰斯以创新性为尺度对创新采用者进行了分类。创新性的自变量可以分为三组：人们的社会经济状况、性格因素和传播行为方式。社会经济状况方面，罗杰斯作了几个总结：年龄与创新精神之间没有必然的联系；教育程度是影响创新精神的因素；早期采用者通常求知欲更强、在社会地位更高、进取心更强；社会系统中，早期采用者所属的单位通常更大更有实力。性格因素则包括换位思考能力、处理抽象信息能力、理性分析决策能力等。传播行为包括社会参与情况、与系统中其他人交流、媒介暴露能力、公信力等。

按照创新性尺度，他把新技术的采用者分为五类：具有冒险精神的先行者、受人尊敬的早期采纳者、深思熟虑的早期大多数、持怀疑态度的后期大多数、墨守传统的落后者。他还对各类采纳者进行了特点总结与梳理：先行者大多富有冒险精神；早期采用者属于典型系统成员，思想更为开放，能成为意见领袖；早期大多数被形容为"深思熟虑的采用者"，开明而慎重；晚期大多数对创新则持有审慎疑虑的态度，因此其采用更多来自社会压力推动；落后者是系统传播网络中的游离分子，社会联系比较少，是传统主义者，对变革持有排斥态度。

5. 创新扩散网络

以模式化的信息流相互联系的众多互相关联的个体组成的网络叫传播网络。系统中人们之间的传播网络一般有一个相对稳定的结构。创新扩散网络与传播渠道紧密相连。在两级传播模式中，一个重要的研究点是意见领袖问题。意见领袖是指大众传播所传播的讯息往往首先被那些平时接触传播媒介较多的人获得，这些人不一定是领导者，往往是群体中的一员，然后这些人再把讯息和意见传播到普通民众那里去。人们把社区群体中少数具有影响和改变他人态度的能力的人称作"意见领袖"。意见领袖能通过非正式渠道影响他人态度或行为，并使他人朝向自己期待的方向行事。意见领袖首先是遵循系统中的社会规范与追随者具有同质性的人。当人际扩散网络异质时，跟随着通常寻求那些社会经济地位都很高、教育背景良好、与大众媒体接触很多、眼界开阔的意见领袖。

以模式化的信息流相互联系的众多关联的个体组成的网络叫传播网络。系统中人们之间的传播网络一般有一个相对稳定的结构，这使得我们通过了解人们的传播网络来预测其行为成为可能。

二、对创新扩散研究的批评与发展

自 20 世纪 70 年代早期开始，一些新的研究从不同的角度讨论了创新扩散问题。这些研究一方面讨论了罗杰斯经典研究的不足和偏颇，同时通过引进一些新的概念和跨学科的讨论，开拓了有关研究的视野。

1. J. 米格代尔对罗杰斯的批评侧重于他没有对采用者所在整体采用前和采用后的社会环境进行研究。因为罗杰斯是根据某个人比村里其他人更早接受新观念的程度差异来分析变革的，并为此提出了分析前提：文化教育、大众传播媒介的作用、认同感、社会地位、取得成功的动力、受教育的意向、就业倾向、导致变革的交往等等，但在他的分析中找不到有关农村社会内部"变革"

障碍的综合分析。米格代尔认为，罗杰斯考虑的因素只是在农村发展历史的某个片段上才有在重要意义。

J. 米格代尔在 20 世纪 70 年代初期把农村的创新扩散置于农村的制度和文化背景下进行审视，他在 1974 年出版的《农民、政治与革命——第三世界政治与社会变革的压力》一书中指出，"农民接受外界新技术和生产方式是一个动态的历史过程。尽管长期以来就存在着扩大对外参与的愿望和所需的资源，但来自农村内部的限制却扼杀了潜在的改革者，并且使农村的技术水平长期停滞不前。"[①] 他认为，当政府没有能力或不愿意直接管理农村时，农民以最低限度的交往作为抗拒外界剥削保持孤立的一种手段。但随着人口的增加和收入的减少，农民逐渐感到持续的经济危机感和压力，农民开始以垦荒、长期移民和短期打工缓解压力。随着导致农村众多经济危机的巨大力量的出现以及土地兼并、社区内分化、农村对单个农民的影响力减弱等，对外参与的安全感的增强，改革者得到了建立新的对外联系的机会。自此，农民才逐步开始了技术变革的历程。在技术变革过程中，"任何变革的要求都会导致农民考虑参与的直接利益能否抵偿他们所承担的风险和付出的代价"[②]。

J. 米格代尔强调要注意当地制度对个人选择所发生的根本性影响。在他看来，这些力量都基于"结构"内在的利益背景，具有内在的逻辑性。"经济危机"导致趋向"外向型"变革，而变革的形式则与农民和外界力量之间利益与服务方面的"社会交换"的

① J·米格代尔 . 农民、政治与革命 [M]. 北京：中央编译社 ,1996:124.

② J·米格代尔 . 农民、政治与革命 [M]. 北京：中央编译社 ,1996:225.

具体模式有关。他提出，哪些最初扩大对外参与的农民与三个因素有关：外界相关群体、先前的对外联系、外界社会制度所重视的能作为对外联系的资源。J. 米格代尔侧重的是研究在某种制度下技术变革怎样在农民这个群体中开始被采用，弥补了罗杰斯在技术革新前提研究方面的缺失。

2. 对罗杰斯的另一个主要批评是，他对于沟通效果的讨论强调传者的作用。也就是说，受传统"刺激—反应"模式的影响，认为只要大众传播媒介将讯息带给受众，受众就该有相同的反应。其反应程度的主要差别是受众之间的差异。

Tichenor 等人指出："当一个发展机构意识到应该优先将信息传递给社会经济地位较低的人时，它就会制定一种政策增加他们获得信息的机会。然而，传递给他们的内容通常与传给具有较高社会经济地位的人的信息一致，这也就是在社会经济地位低的人中许多传播活动失败的原因之一。"① 因为这两群人有不同的特点（比如，教育、信仰体系、交流习惯、决策类型等），如果传播材料不是专门为他们设计的，就不能得到显著的收效。尽管传播的主要内容可能是一致的，要有效传给社会经济地位较低的人，就要根据他们的特点来设计信息、处理信息和展示信息。

3. 关于创新采用过程，惠肯宁（Eugene A. Wilkening）也有一个关于创新采用的模型，包括四个步骤：获得关于创新的最初知识、把创新作为一种好主意加以接纳、在试用的基础上原则上决定采用创新、采用创新。这个模型与罗杰斯的模型的最大不同之

① 常昌富，李依倩. 大众传播学：影响研究范式 [M]. 北京：中国社会科学出版社，2000:290.

处在于第二步骤"把创新作为一种好主意加以采纳",这被称为"意向采用"（symbolic adoption），属于采用者内心衡量和评估，涉及较深的决策心理机制。这个模型还强调了"试用"，而罗杰斯的五阶段模型中没有专门的试用阶段。试用是潜在采用者在一定范围内和程度上对创新进行使用，看其实际使用效果，以消除对于创新的种种不确定感。

4. 关于创新精神的解释的普适性是被质疑的，比如社会地位对创新精神的解释可能是不充分的，很多社会地位高的人在面对创新的时候比社会地位低的人可能态度更保守。对此，加州大学人类学家凯西教授（Frank Cancian）认为，社会地位和创新精神之间的正向关联关系只有在极端情况下才成立，这就是"凯西塌陷"。因为在创新扩散早期，当采用创新风险比较大的时候，系统中处于中上社会经济地位的人更为敏感和谨慎，而处于中下地位的人们反而更有可能冒险一试。当然这个理论的证明也比较困难，但是启发了研究者们在研究的时候要考虑到微妙的社会心理因素。

5. 关于创新扩散网络，网络研究者赖诺维特（Mark S.Granovetter）在1973年提出了弱联结优势理论，又译为"弱式链优势"理论。他认为，内向生长的网络其结构不利于获取或传递创新信息。相反，人们通常能从相隔较远的人（无论是地理上还是平时交往上）那里获得更多新信息。这种"弱联结"通常起着不同群体之间信息交流和创新扩散的桥梁作用。

后来罗杰斯根据对此理论的研究又得出几个结论：（1）传播网络链具有多大的信息交流潜力，与两个因素呈负相关关系：一是沟通相近度，沟通相近度是指网络中的两个个体具有的沟通链重叠的程度；二是同质性。（2）网络链连结的个体往往实际距离不远，并且在社会特征方面具有同质性。

创新扩散中的传播渠道研究也得到了发展：罗杰斯等后来研究发现，在发展中国家，那些社会经济地位较低的人比更现代、更进步、地位高的人要来得传统。一些民间媒体，比如木偶戏、讲故事、民间剧、传统助产婆、传统集市如市场、清真寺、寺院、茶馆等成为有效的传统传播渠道。这些令人信任的、文化上认同的传播渠道，对于那些地位较低的成员尤其合适。在印度、印度尼西亚、菲律宾、巴基斯坦和墨西哥的研究表明，这些传统的渠道可使创新技术传播到穷人那里。罗杰斯同时指出："如果传播策略可以有效地缩短社会经济获利差距，那么直接地将创新推广到地位低的人群中时，社会经济结构就不再是一个主要的障碍。即使在宏观上社会结构未发生变化，通过改进传播策略，也可能带来更加平等的发展。"

三、对农业新技术创新扩散的研究

对农业新技术创新扩散的研究是创新扩散理论的一个重要组成部分，它集传统农业改造研究和传播学研究于一体。关于传统农业改造方面的著作，早期有俄罗斯经济学家 A.V. 蔡雅诺夫 1925年出版的《小农经济的理论》、美国经济学家亚瑟·刘易斯 1954年和 1955 年出版的《劳动无限供给下的经济发展》《经济发展理论》；美国经济学家西奥多·舒尔茨 1964 年出版的《改造传统农业》、J. 米格代尔 1974 年出版的《农民、政治与革命——第三世界政治与社会变革的压力》等。罗杰斯在《创新的扩散》中也使用了很多农村创新扩散的案例。

罗杰斯的创新扩散理论创立以后，学术界开始从社会学、经济学等各个角度对农业新技术扩散问题展开研究，包括宏观层面上新技术的扩散过程、扩散方式、扩散速度等的研究以及微观上对采纳者的分类、对创新特点研究等。20 世纪 90 年代以后研究的重点逐渐转为网络和多媒体技术应用对于农业新技术扩散的影响。发达国家率先推动农业和农村信息化建设，信息化建设提高了农民的整体信息素养和创新性。比如美国就逐渐形成了以互联网为主，以专业期刊等为辅的农村信息传播体系，国家政府部门负责农业信息的采集和发布，提供科学的信息服务，科研机构和企业展开技术应用研究，各种行业组织在技术、政策、运输、教育等各方面为农户提供服务，全方位、立体性地建立起了新技术扩散的完整体系。

（一）农业新技术扩散方式

农业创新扩散的方式问题，在不同的历史发展阶段，由于生产力水平、社会及经济技术条件的不同，表现出多种方式。大体上可以归纳为四种：

1.传习式扩散方式

这是主要采用口授身教、家户传习的传播方式进行的扩散，又称为世袭式扩散。通过父亲传给儿子、儿子传给孙子的形式传播技术，一项技术从一家一户传向一个家族或者一个村落。这一类主要是普通农业技术，既有同代人之间横向传播，又有代际纵向传播，在生产力水平低下的原始农业社会最为普遍。通过这样的传播，经扩散后的农业技术几乎没有任何变化或者有比较微小的变化。

2. 接力式扩散方式

这种类型的扩散方式通常应用于秘方性质的农业技术。这类技术在确保独占性的前提下，可以获得超额利润，因此往往采取师傅传给徒弟或者家族内传男不传女等方式单线相传，如同接力赛一样往下传递。这样的技术扩散较慢，因为扩散范围具有严格的选择性和传播范围。

3. 波浪式扩散方式

波浪式扩散是指由一个科技生产中心将新技术向四周辐射扩散，呈现波浪式传播。这种传播在信息传递不方便的情况下尤其明显。近水楼台先得月，距离中心最近的地方才能最早获得新技术信息，越远则得到信息时间越晚。

4. 跳跃式扩散方式

跳跃式创新扩散的方式主要发生在现代社会，竞争激烈、信息灵通、传播速度比较快，在这样的社会条件下，新技术的扩散和转移常常呈现跳跃式发展，打破了常规的扩散顺序，在同一时间可能有多个地区引进并扩散。

（二）农业新技术的扩散过程

农业新技术的扩散在一个农业社会系统内发生，往往是一个先由个别少数人采用，发展到多数人广泛采用的过程。在这个过程中，受到农民的心理和行为变化的影响，产生扩散的驱动力，比如农民发展生产、改善生活条件的强烈要求，也会产生一些阻力，比如传统观念的舆论压力、旁观者的冷嘲热讽和不理解、失败会带来的危机、需要付出的劳动、心血和精力等。当驱动力大于阻力的时候，新技术的扩散才能发生。

张仲威在《农业推广学》中，将农业创新扩散过程分了四个阶段：

1. 突破阶段：这是驱动力和阻力博弈的阶段，通常是先驱者克服阻力、挡住舆论压力、付出心血进行试验的阶段。他们一旦成功，新技术的优越性展现出来，尤其是具有可观察性并且成果令人信服的时候，就实现了突破。

2. 关键阶段：又叫紧要阶段，是新技术能否进一步扩散的重要阶段，人们在等待试用的结果，如果试用结果良好，这项新技术就得到了更多人的认可，早期采用者开始使用。早期采用者们具有较强的创新意识，接受新事物能力强，他们通过对先驱者们试用的观察和评估，一旦信服，很快会做出决策，紧随先驱者而积极采用新技术。

3. 跟随阶段：先驱者与早期采用者继续采用，新技术的效果越来越明显，与他们比较亲密的一部分农民认为有利可图开始主动采用，这个阶段又叫自我推动阶段。

4. 从众阶段：越来越多的农民采用新技术，扩散就像一股势不可挡的潮流的时候，个人几乎不再需要什么驱动力，而被群体所推动，实现系统中一定程度上的普及。

大量研究表明，一项具体农业新技术从采用到衰老的整个生命周期中其扩散趋势可用 S 形曲线来表示。农业新技术的 S 形扩散曲线的形成，主要是因为一项新技术在农村刚刚推广时，多数人因为不熟悉而不愿意承担风险，所以在一开始的扩散是比较慢的；当通过一些试验和示范之后，农民们看到试验的效果比较满意，就逐渐增加采用人数，扩散速度加快，扩散曲线的斜率不断增大；当采用者数量到达一定数量以后，扩散曲线斜率开始变小，这时候往往也是因为有其他新的创新成果出现。曲线逐渐变得平缓，直到维持到一定的水平不再增加。

杨建昌"农业革新传播过程的数学分析"对不同农业新技术进行了具体分析，包括浅免耕技术、杂交水稻、模式化栽培这三项，发现浅免耕技术的起始传播势最大，杂交水稻次之，模式化栽培最小。起始传播势的大小反应里一项新技术被农民掌握的难易程度和开始扩散速度的大小。由于浅免耕技术复杂程度最小，农民容易掌握，而且能节省工本，优越性比较明显，因此农民接受采用较快。相对而言，模式化栽培技术是综合性很强的技术，涉及品种特性、作物生长发育动态等多类知识，农民掌握不容易，起始扩散势最小，进入扩散发展期和达到最大扩散速率的时间也最长。这也证明了"技术复杂性"这一因素对于创新扩散的影响。

考虑到新技术的扩散首先要与农民的需求相匹配，20 世纪 80 年代以后出现了大量关于农民信息需求的研究，并据此发展起更好的农业信息服务模式。许多国家建立了公民信息救助组织，提高农民的信息获取能力，如泰国在联合国教科文组织资助基础上发展的农村流动信息服务队。联合国教科文组织与中国政府在 1994 年也联合创办了国际农村教育研究与培训中心，推动我国农村地区的变革，通过制定农村地区人力资源发展的方针和策略，建立广泛网络，举办培训班、编写出版物和资料等方法促进农村教育方法和技术的进步，加强农村发展项目的能力。各地开始推广建设农村社区终身学习研究所，以提高农民的科学文化素养，进而推动对新技术的采纳。

四、关于中国农业新技术传播的研究

费孝通先生在 20 世纪 30 年代末就中国农村的新技术传播问题就有所研究。他在 1939 年出版的《江村经济》中指出，农民担心失败的心理阻碍了中国革命前农村中较穷的农民把他们拥有的资源投入到能够给他们带来可观收入的作物上。因为他们担心失败会导致饥荒或者无法还清债务。除此之外，农民也不种植蔬菜，因为尽管种菜利润更高，但市场价格波动很大，而且肥料和农业机械的资金投入也很大。结果较穷农民仍继续种水稻，因为水稻的市场价格比较稳定，而且任何时候都是人们最必需的生活资料。因此新技术传播较慢有时不是因为新技术不够优越，而是因为那些农民无法预测和控制的因素。

在中国农村情况的不断变化之中，自 20 世纪 70 年代，中外学者对中国农村的技术创新扩散先后做了一些研究。一些早期的研究注意到：因为中国的乡村社会被纳入国家现代化统一进程中，政府建立了对乡村社会土地、生产、人口流动到生育的全面管理，在乡村新技术扩散中，政府扮演着重要的角色。这些研究包括：在国外，1976 年施拉姆和丹尼尔·林奈的《传播学与变革》中关于中国农村信息传播的报告和评价；1980 年，联合国的一个专家小组对中国农村的培训系统做了专门调查，并形成了《中国农业培训系统》；20 世纪 90 年代丹麦学者约恩·德尔曼根据对中国农业技术推广进行的实证研究而形成《中国农业推广——农业革新及变革中的行政干预之研究》。

我国关于农村新技术扩散研究的论著在近年逐渐增加起来。我国农业新技术扩散方面的研究是从研究媒介与人的现代化开始的。"80年代以来我国研究主题为大众传播媒介对人的现代化的作用，即媒介传播对人的现代化是否有作用。"有研究者认为，媒介传播对促进人的现代化是相当有效的，而另一种意见认为媒介传播对促进人的现代化效果是有限的。得出这两种结论的研究都是在农村地区进行的。比如得出前一种结论的中国社会科学院新闻研究所王怡红，她是我国最早探讨农业新技术传播的研究者之一，她运用了罗杰斯的创新扩散理论研究我国农业采纳新事物的过程，认为媒介传播对农民的创新采纳是非常有效的，只是对不同的农民、在创新—决策的不同阶段，媒介传播具有不同的效果。她的研究考察了媒介传播对农民创新采纳的影响，在一定程度上证实了罗杰斯的理论。

1999年南京师范大学新闻与传播学院方晓红教授作了"苏南农村大众媒介与政治、经济、文化发展的互动关系"课题的研究，并根据调查研究结果整理出版了《大众媒介与农村》一书。该研究通过对苏南农村受众群体的分析研究，分析了农村受众对媒介的选择及偏好；指出大众媒介为农民开办的经济节目苏南农民不领情。文中还指出，我国政府把传播媒介作为向农民推广先进农业技术和科学观念的重要渠道，一些专门为农民播出的有特定作用与意义的节目，建立主动的、特定的联系通道、反馈机制是必要的，但是我们的传播媒介在这方面做得不够。这些原因导致媒介传播的经济信息虽然对农民的经济生产生活有一定作用，但由于这些信息与农民的经济活动相关度太低，总体上在农村的有效性依然较差。

2001年中国水稻研究所的李南田等人在进行国家自然基金课题《我国主要作物良种推广系统传播行为研究》的调查研究时，对农户在接受作物良种方面的主要传播行为特征进行了研究，认为强有力的政府行为使大众传播媒介有可能得以高效利用，同时在农业技术传播众，就中国及发展中国家情况而言，农业技术推广人员有着重要作用。他们作为政府行为的执行者，其知识、信息交流能力和地位都将对信息传播的效果有着举足轻重的影响。

此时研究者意识到制度变迁与技术变迁之间的密切关系，制度变迁可能是由人的经济价值上升所导致，也可能由农业劳动力与土地之间的相对价格变化所致，由技术变迁释放的收入流又会引致制度变迁。农业制度创新，即对传统农业的改造，涉及农业的市场化、建立和完善农产品价格制度和农业社会化服务体系、农业信贷制度等。农业制度的变迁，农民会逐渐适应市场机制，自动按照"理性经济人"的逻辑思考新技术引进与否的问题。杨戈在《走向现代农业——农业现代化与创新》指出，在农业向市场化农业转轨的过程中，农民具有农产品供给者和需求者的双重身份，新技术引进后导致农产品成本曲线的下移和供给曲线的右移，从而使总的经济福利增加。

此后，对于农业新技术的扩散研究比较多的集中于农村信息传播与农业创新扩散的关系，2007年谭英在《中国乡村传播实证研究》中分析了媒体传播对农业科技推广的作用，通过调查她发现，农户对电视中播放的新技术的理解程度与富裕程度有一定的关系，但不是关键因素，农户采纳新技术时比较依赖的媒介包括电视、朋友、能人、邻居、报纸和网络，经济收入是重点依赖什么媒介的相关因素。进而得出结论：经济条件、生产规模、文化程度、农业政策落实情况、农技推广站的服务等等都对新技术扩散有影响。

2010年中国农业大学李红艳重点关注乡村传播与农村发展问题，研究大众媒介与农民工关系研究、传播活动者的经济行为分析等问题。她讨论了创新扩散理论在中国乡村传播学研究中的应用问题，总结了农业技术扩散的框架：农业新技术扩散过程中虽然涉及了众多的参与主体，比如技术的研究发明者、政府推广机构等，但主体是农民；技术的兼容性问题比较重要，一项技术与当地的自然环境、农户需要和农民信仰等相吻合的时候，才能更好扩散；扩散中的媒体除了要重视大众传播，也要重视人际网络的作用；技术在不同社区或系统扩散的时候，还应当考虑信息渠道、社会组织、供销金融等制度约束因子的影响问题。

2017年专注于科技资源管理、科技信息传播的刘丽博士在《基于社会网络的农村科技信息创新扩散研究》中梳理了农村居民信息需求及影响因素，进而讨论农村科技信息扩散及利用状况。书中提出农村信息服务体系应"集市化"，从而整合农村资源，进而提高农民信息获取的能力，满足农村居民的信息需求及信息利用习惯。

2019年朱月季《基于演化视角的农村创新扩散过程研究》从演化经济学理论出发，研究社会规范、小农社会网络特征等对农业创新扩散的影响。研究总结，技术创新的本质是社会知识积累的结果，技术的扩散伴随着制度的协同演化，社会规范作为个体的隐性知识背景对个体的选择产生影响，旧的社会规范会减缓技术扩散的进程，因此农业技术跨文化传播必须考虑到不同国家的农耕传统、社会规范和生产习惯等。

在有关农业新技术扩散的研究中，我国农业技术推广体系的历史演变与发展历程作为农业社会化服务体系建设的重要组成部分，成为研究的一个热点。比如潘宪生、王培志《中国农业科技推广体系的历史演变及特征》指出，我国农业推广历史源远流长，农业技术推广体系建立具有强权性，因为从历史上看，中国一直是一个集权统治的国家，推广体系本身就是体制的一个组成部分，借助于行政力量参与农业技术推广是有效的途径和手段。但是从历史发展中也不难看出，我国农业技术推广体系发展具有滞后性，包括农业技术从出现到推广应用的滞后以及封建统治与儒家文化束缚了科技的发展，同时狭小的农业经营规模对农业技术较低的吸纳性也阻碍新技术的推广与发展。

陈义媛更进一步梳理了 21 世纪中国农技推广体系变迁问题，她在《中国农业推广体系变迁与农业生产者的"去技术化"》中从技术政治角度探讨了中国农技推广体系变迁的内在逻辑，指出在市场化改革以后，形成于集体化时期的农业技术与生产资料的公共品属性逐渐弱化，技术开始转变为商品，并逐渐与劳动者分离，公益性技术推广与经营性技术推广彻底分离。

可以看出，我国关于农业新技术扩散的研究一开始就被放进了"现代化"和"发展传播"双重的理论话语框架内。在这个框架下，有关研究局限于对一些现代化指标的考察和套用传播学理论解释农村社会发展中出现的一些现象和问题，一开始缺乏从社会学、人类学、政治学的大背景来解释一些现实的农业传播问题的意识，近年来在这方面逐渐丰富。

对这些文献进行研究，我们还看到：

在对传播学上的创新扩散理论的研究方面，一些对推广研究比较重要的批评出现在 20 世纪 70 年代，这些批评尤其使针对那些通过私人和公共的组织或是其内部对创新的推广进行调查研究的。因为一开始对推广的研究就是研究个人采纳新观点，如那些在艾奥瓦州社区的农民。当人们开始在推广研究中分析组织的时候，从概念上人们把每个组织当个人来看待，组织高层领导和组织的特点（它的大小、来源和组织结构）被看作是独立的变量，用它来预见或解释在非独立变量"创新"中的差异。有研究者，比如沃纳（Warner）争论到，有关推广的研究已经形成了固定的形式，需要采取一些新的方法，以适应于组织创新的新环境。在这些批评中，最引人注目的还有将研究重点放在采纳创新的行为上，并将其作为非独立变量，从而没有充分考虑甚至是忽视了创新的后期采纳、使用、维持和修改。

因此"这样和那样的批评基本上都是呼吁推广的研究者们'返回到最开始处'"。对推广和创新的某些主要的假设进行质疑并寻找新的研究方法。这些批评产生的直接结果是打乱了已经固定下来的研究领域。这些再后来的研究把人们的目光转移到了对组织中创新采用过程的注意和对创新扩散带来的社会经济差距问题的研究。

国外的社会学家、经济学家所研究的大多是自给自足的农村。罗杰斯指出，到 1960 年底完成的近 500 次扩散研究都是在北美和欧洲进行的。罗杰斯在《创新的扩散》（2002 年版）一书中共举了 47 个例子来证明他的观点，其中有 10 个例子研究了农业新技术扩散的问题，大部分是以美国的农村社会为背景的，只有一个比较著名的 1962 年索斯亚考察是在哥伦比亚的索菲亚村庄里进行的。这是在拉丁美洲、亚洲以及整个亚洲范围内进行的第一次农庄调查。美国及欧洲的农村与中国的农村社会从根本的土地所有制上就是完全不同的。索菲亚村庄代表的是第三世界国家中那些以文盲率较高、贫穷以及有限的信息渠道为特征的村庄形象，这与当代中国的农村情况也不尽相同。中国社会处在从再分配经济向市场经济过渡的时期，又走向了逐步完善起来的市场经济时期，中国的农村社会 70 多年来经历了较为剧烈的制度变迁：从传统计划经济体制下的农产品国家统一定价、统购统销到市场经济体制下逐步实现农产品的放开经营、市场决定价格与政府对农产品进行宏观调控相结合。

约恩·德尔曼对政府力量在中国农业技术推广中发生的作用进行的实证研究是很有意义的，但是他没有研究 20 世纪末到 21 世纪初中国社会中发生的新变化，即市场力量在农业技术推广社会中的渗透。国内的有关研究也是侧重于某一方面的力量对创新扩散的作用，比如大众媒介的作用或者技术员的作用。这些研究中，对创新特点的考察、对采用者特点的描述都有，但是对制度变迁所引起的农业新技术扩散过程中的影响研究比较缺乏。实际上，人民公社时期与改革开放以后的农村技术创新扩散的种种差异，显示出经济和政治制度变迁对于技术创新扩散过程和效果的制约。本书所主要关注就是我国农村创新扩散过程中各方面参与者角色的变化、扩散程序的变化、农村传播网络的变化，并以此系统探讨社会制度变迁对农村技术扩散的影响。

第三节　研究内容和研究方法

社会学的研究指出："在市场转型背景下，财政体制改革带来了乡镇政权角色和行为取向的转变。"[①] 随着制度转型的深入，农业新技术扩散作为农村经济生活的重要方面，一直不断发生着新的变化。我们可以假设：在中国农村社会中，农业新技术的扩散过程没有既定的程式，社会制度的变迁导致各种利益主体功能和行为的改变，并因此影响了新技术扩散的方式和速度。市场转型的过程中，农业新技术扩散中的操纵力量包括两个：政府和市场。政府代表着不完全的计划，市场则是从不完全不成熟逐渐走向成熟的市场。

农业新技术的扩散是伴随着农村社会的发展而进行的过程，这个扩散的过程不仅受到新技术的优越性、兼容性、复杂性、可观察性、可试验性等因素影响，更受到农村社会经济制度变化、行政行为方式变动等因素影响的。本研究认为，农业新技术的扩散有着自己独特的生命周期和变化规律，其扩散过程遵从埃弗雷特·罗杰斯提出的 S 形曲线，因为他对于创新扩散曲线的研究数据就是基于美国农民采用玉米杂交品种的过程数据而来的。

埃弗雷特·罗杰斯最早提出了创新扩散 S 形曲线理论。他认为在扩散的早期，采用者很少，扩散比较慢。在之后的创新扩散过

---

① 社会学研究编辑部.2003:中国社会学学术前沿报告[J].社会学研究.2004,(2):10.

程中，早期采用者起到比较大的作用，他们是愿意率先接受和使用创新事物并甘愿为之冒风险那部分人。这些人创新精神强，不仅对创新初期的种种不足有着较强的忍耐力，还能够对自身所处各群体的意见领袖展开"游说"，使之接受以至采用创新产品。于是，创新又通过意见领袖们实现二级传播迅速向外扩散，然后当采用者达到了临界数量后，扩散过程突然加速，即"起飞阶段"，这个过程一直延续，直到系统中所有可能采纳创新的人大部分都已采纳创新，达到饱和点，扩散速度又逐渐放慢，采纳创新者的数量随着时间呈现出如下图类似 S 形的变化轨迹。

具体研究内容包括：

1. 新中国成立以后到现在的农村制度变迁状况梳理。在几千年的封建社会历史中，土地都是归皇家控制，皇家用土地控制农民。通过艰苦斗争，新中国成立时农民终于实现了耕者有其田的梦想，在一段时间内实行了农民土地私有的模式。后来为了防止土地兼并、两极分化等情况出现，对土地实行公社、生产大队、生产队三级所有。改革开放后，安徽小岗村的 18 户农民创造性实施了包产到户的农村生产责任制，把土地再分给农民经营，这一举措极大地提高了农民种植的积极性，较好地解决了吃饭问题。近年，随着农村人口向城市的流动和迁移，出现了农民市民化的现象。由于农民还具有具体经营权，所以党和政府又创造性地提出了土地的承包权、所有权、经营权分离的形式。农民外出打工时，可以流转经营权，这样就进一步激活了土地，促进了农业发展，这些都会导致农业新技术扩散方式的不同。

2. 农村居民信息需求情况及信息使用状况。信息需求量是信息需求意愿高低的表现，农民信息需求意愿与农民务农的积极性有直接关系。而农民务农的积极性的相关因素很多，包括性别、文化程度、年龄等。徐世艳与李仕宝通过对 13 个粮食主产省份 411 个县市 973 个行政村万户农民的调查发现，农业技术指导与培训讲座显著影响农民的技术需求；土地禀赋是诱导农民选择技术的主要因素之一。方允璋的分析认为，以农业为主、兼业经营、专业化农户、非农性质的农户等若干种农户经济组织机构的差异也会导致农民个体知识信息需求不尽相同。

3. 农民信息渠道与农民媒介素养问题。农民信息的获取受多个因素影响，主要分为内部和外部两个方面。内部因素包括农民的知识水平、收入水平、生活经历等，外部因素包括信息获取的便利性、信息内容的可理解性、信息的可信任性等。

本书研究采用了社会调查的诸多方法，如抽样问卷调查、电话调查、小组访谈、文献查阅、实地调查等。研究中采用定量分析与定性分析结合的方式，理论研究和实证研究结合。最主要的研究方法是采用深度访谈的方法对个案进行历时性研究，是有关个别社区的微型研究。在从微观到宏观的分析过程中，个案要做出有说服力的结论，就必须在质的分析上多下功夫，将个案的深入性特长发挥出来。

我们的切入点是社会制度的变迁与农村新技术传播之间的关联关系，那么分析可以从这样几个层次开始：一是政府角色的转变，政府从新技术的强制推动者到引导者到服务者，是经过了一系列变迁的，我们要用文献查阅和深度访谈结合的方式来还原。二是农民与政府之间的互动，农民角色的思维方式发生着改变，要通过小组访谈和问卷调查的方式，将农民的故事挖掘出来，从他们的日常语态变化来剖析农民自主意识的觉醒。三是市场力量的逐渐发展，在推动新技术扩散过程中市场以什么样的形式展现其作用，也需要对一些成功或失败个案的深度挖掘。

当然，在一个地方得出的结论不可以推论到其他。费孝通在谈到调查区域界定的科学性时说："对这样一个小的单位进入深入研究而得出的结论并不一定适用其他单位，但是，这样的结论却可以用作假设，也可以作为在其他地方进行调查时的比较材料。"①

本书既有田野调查中的第一手资料汇集，对乡村生活有细微观察，也有个人感受的主观记录，努力从底层出发去探寻微观与宏观之间、地方与国家之间、民众与政府之间对话的模式和规律。参与田野调查的成员，除了烟台大学的教师，还有新闻系的学生们，他们在一次次调查之中，锻炼了联系不同社交圈子的能力，从"弱链接优势"中获取了很多信息和知识，对我国的农村和农业有了更真切的认知。

① 费孝通. 江村经济——中国农民的生活 [M]. 北京：商务印书馆，2001:26.

第一章 一个调查案例的分析

笔者最早的田野调查是 2003 年开始在山东省济南市莱芜区的一个村庄开始的，当时的行政区划还是山东省莱芜市。山东省被誉为世界三大"菜园子"之一，也是我国第一蔬菜生产大省。莱芜区地处鲁中，是山东省主要的蔬菜生产基地之一。在 1961 年，莱芜就被列为山东省省属生姜、大蒜、大葱商品基地。莱城区的生姜产业被确定为"国家星火区域性支柱产业"。莱芜也因此被命名为"中国生姜之乡"、获得"三辣一麻"国家原产地标记注册、"生姜国家地理标志证明商标"。

20 世纪 80 年代，在涉农服务机构改革过程中，山东省莱芜县（1991 年由县级市划为地级市）在全国最早实现了将乡镇一级的涉农机构管理权限的下放，此后中央政府将"莱芜经验"向全国推广。

此后，不断适应新形势发展需要，莱芜区（2019 年撤销地级市划归济南）每年组织开展"送科技下乡、促农民增收"活动。目前，莱芜区政府不仅利用微信、电台、报刊等，搭建农业知识、技术、政策宣传平台，为农民和企业提供各类农技信息服务，还利用互联网、物联网、云计算等现代信息技术，发展精准农业、智慧农业。利用"大数据"和"互联网+"等信息技术，发展农产品电商平台，目前全区注册农产品电子商务企业和合作社 300 余家。在农业生产上，推行农业标准化生产。重点围绕葱姜蒜等特色产业，制定推广各类农业标准 50 余项，实现主要农产品有标可依，其中"生姜生产技术规范"成为最新国家标准。培育出"姜老大"、"头道菜"、"华兴"鸡腿葱、"岳圣"白花丹参茶、"大南山"山楂干、"松鹤"黑猪肉等国家级、省级名牌产品和驰名著名商标。莱芜生姜开发出"食、药、卫、健"4 个字号 2000 余种产品，产品远销欧美、日韩、中东等 90 多个国家和地区，国际市场上 70% 的姜片由莱芜生产。

当前，莱芜区政府实行"政府买单、农民点餐"的培训模式，大力实施农民科技培训、新型职业农民培训等工程，培育"有文化、懂技术、会经营"的新型职业农民。因此莱芜地区的农业新技术扩散情况具有研究价值。

第一节　调查地区概况

方下镇是山东省济南市莱芜区下辖的一个镇，位于莱芜区西部，汶河北岸，境内有大汶河、方下河、嘶马河三大水系，交通便利，距离莱芜城区十公里左右，面积 67.6 平方千米，属于丘陵地势，但相对比较平坦，是全区唯一一个没有山的乡镇。方下镇是莱芜区的"菜篮子"，方下镇的嘶马河村和卢家庄村是莱芜大棚蔬菜的发源地和主产地。方下镇从 20 世纪末就开始大力发展蔬菜产业，培育了一批能开拓市场、进行技术创新的经济组织，比如方下街道的树成蔬菜种植合作社，成为莱芜当地最大的育苗企业，成为山东省农业农村厅 2020 年发布的全省农业合作社示范社之一。

2000 年前后，方下镇在所辖村庄里比较成功地推广了温室蔬菜种植技术，其中何家官庄村（当地一般称呼何官庄）是方下镇新技术推广的先进村庄。因此笔者最早的田野调查就由此开始，立足于这个村庄和这项新技术，以历年来这个村的农村采纳新技术的行为为分析切入点，试图将农户、社会团体、企业、政府都纳入分析的框架。

2003 年笔者第一次调查包括三个方面：一是对 35 户采用了温室新技术农户的问卷调查和深度访谈，了解他们采用新技术前后的状况；二是对这个村现任领导和前任领导的访谈；三是对镇政府分管农业发展副镇长的访谈和从镇政府获得一些统计数据及发展资料。

方下镇全镇辖 55 个行政村，村村通车。根据 2002 年统计，当时乡村人口数 59198 人，其中乡村从业人员数 31836 人，农业总产值 18286 万元。农作物种植上比较鲜明的数据是：1994 年方下镇粮食播种面积 4276 公顷，蔬菜种植面积 3618 公顷；到 2002 年方下镇粮食播种面积 3273 公顷，比 1994 年减少了 1003 公顷，而蔬菜种植面积 4536 公顷，比 1994 年增加了 908 公顷。至 2002 年末，方下镇已经有温室大棚 1924 个，面积 73 公顷，其中蔬菜大棚 1460 个，食用菌大棚 52 个，林果大棚 38 个，花卉大棚 12 个。根据 2021 年的数据，方下镇各类种养大棚 1000 多个，小型拱棚 2000 多个，合计 3000 多个，种植种类达 20 余种。

何家官庄村是方下镇的 55 个行政村之一，处在莱芜西部长埠岭上，"村南为丘，村北为陵"，共 457 户，1210 口人，耕地 1860 亩。村民自明朝万历年间建村于此，新中国成立后搞土改分田地，1958 年成立了方下人民公社，1962 年何家官庄村成为方下人民公社何官庄大队。这个村的村民向来具有敢闯敢干的精神，在 1966 年就成立副业组，用柴油机带动榨油机和棉花弹压机，进行加工和销售。1970 年通电后，村里有冶炼厂、铸造厂、铁业铺等，1983 年土地承包以后，成立了何官庄鞭炮厂。1995 年设立了何官庄集贸市场，为村民购销产品提供了良好的平台。自 1994 年以来，前后有 35 户建起了 38 个蔬菜温室大棚、3 个花卉大棚，平均每个占地 1.5 亩（包括棚前棚后），共占地 57 亩。

为了便于研究制度变迁对农业新技术扩散的影响，将新中国成立以来至今分为几个阶段。由于中央政策的制定和地方上真正落实实行有一个时间差，因此在这里划分时间段的标准是按照产生较大影响的政策在何官庄村得到落实的时间。

第二节　1949 年至 1982 年

新中国成立后我国政府从 1949 年开始了土地改革，土地改革完成以后，决定推行农业合作化运动向集体主义发展，先从农业生产互助组开始，1955 年何官庄村转入初级农业生产合作社，实行"人七劳三"的分配制度。1957 年与附近的另三个村庄一起成立了高级农业生产合作社，开始按劳分配，优工优酬，直至 1958 年成立农村人民公社。1974 年这里接待了上山下乡的知识青年二十多人，为知青成立了科技队。1978 年十一届三中全会召开，人民公社体制逐渐消解。1982 年何官庄村正式划分土地承包到农户。

一、制度与政策

在人民公社时期，实行的是"政社合一"的组织体制，公社是一个基层政权组织，又是一个集体经济组织，最后定型为"生产资料归公社、生产大队和生产队三级所有，经济核算以队为基础"的经营管理体制。这种体制的特征是：

1. 所有的生产资料都归公社、大队或生产队所有。

2. 实行高度集中的集体统一经营制度和劳动管理制度。无论办什么事业，都要由生产队、大队或公社集体组织，统一经营；所有的乡村劳动力都要实行集中统一管理。公社可以无偿平调其下属单位的人员、资金和物资，禁止社员从事任何个体经营性活动。

3. 实行单纯的计划管理体制。在生产上，国家指令性计划要层层落实到生产队。在产品流通上，1953 年 10 月 16 日，中共中央公布了《关于实行粮食计划收购和计划供应的决议》，开始了控制农村商业的一系列措施。至 1955 年正式制定了每家每户的粮食生产指标，粮食贸易已经完全控制在国家政权控制之下。在统购统销制度下，几乎所有的农产品都要按指令性计划由国营部门经营。

4. 实行种植业为主的单一经营。"以粮为纲"是农业的基本原则，要求农村劳动力"归田"，主要是种粮食。

5. 通过工分制的形式来实行过度平均化的分配制度。

这些制度实行以后，生产者不仅与生产资料相分离，而且与生产的劳动成果相分离。"这项政策实际上等于把农民的手脚紧紧地'绑'住了,农民几乎没有任何自主权。"① 集体组织拥有生产资料,但是集体组织之间并没有交换生产资料的权力,集体的经营管理权和自主权相脱节。公社、大队、生产队名义上有经营管理权,但实际上经营什么、如何经营、收入如何分配、产品如何销售、生产资料如何供应,都要听从上级的指令性计划和统一指挥。集体组织中的干部们在本组织内部生产和分配的安排上看似有很大权力,实际上只是政府命令的执行者。因此农业生产虽然由农村集体组织实施,但因为没有生产的自主决策权,因此并没有合理利用农业资源的积极性。

二、政府的农业新技术推广

这段时间内,在农业新技术发展方面主要是政府主导推广的方式。新中国成立初期至 20 世纪 60 年代,政府推广的技术内容以传统农业生产技术经验为主,技术推广方式主要是由技术干部到社队蹲点,搞样板田,运用示范和培训的方法,推广先进技术和经验。"文革"时期推广工作基本陷于停顿。1974 年开始,逐步建立和健全了县、公社、大队、生产队四级农业科学试验网,从而进行农业技术推广工作。这些推广方式都是自上而下的,由各级政府领导的农业技术推广部门组成,推广经费来源于国家财政事业拨款。

1. 杂交水稻推广案例

李南田等人对 20 世纪 70 年代中期我国推广杂交水稻的过程进行了研究,研究认为,各级政府在推广杂交水稻上的一系列组

---

① [美]黄宗智.长江三角洲小农家庭与乡村发展[M].北京:中华书局,1992.174.

织行为表明，政府不仅是推广杂交水稻工作的组织者，实际上也是推广杂交水稻强有力并具有权威性的传播源。具体表现在：

（1）有力的政府行为使大众传播媒介得以高效利用，这表现在20世纪70到80年代大众传播媒介在宣传杂交水稻技术的时期长、频度高、形式多。报纸，包括国家、省、市、地区、县级出版的报纸、各类技术小册子，地头、田间的黑板报、大字报、有线广播等，都以高强度、高密度、大范围的规模对杂交水稻进行宣传；各级政府有关贯彻推广杂交水稻的文件、会议持续不断；各级推广组织重点实施了大量实验田、示范田和组织现场参观工作。

（2）政府网络在某种程度和形式上成为推广杂交水稻技术的传播渠道、传播网络。在农民接受技术的关键阶段，县一级农业科技推广站、农科所，乃至省市一级的大批科技人员下乡蹲点，一般时间长达整个杂交水稻生长季。他们从杂交水稻的制种做起，每一个环节身体力行，使示范田表现了杂交水稻在生长上、特别是产量上与常规水稻相比的明显优势，使农民从中得到杂交水稻这个新技术的可观察性与可试验性，减少了农民对它的怀疑，增强了使用这项技术的信心。持续多年坚持的结果，就是他们十分成功地融入了当地的文化、习惯、环境，大大缩短了与农民的距离，因此得到了农民的信任。作为推广中介机构的成员，这种行为变化对技术扩散是十分有利的。

李南田指出，这些都是杂交水稻技术得以较快发展的主要原因。李南田对这个案例的分析详细说明了四级农业科学试验网的运作情况，即政府通过派遣大量专业科技人员到群众中去，运用试验、示范、宣传媒介等方式进行农技推广工作。

创新的采用过程是一个不断消除或降低不确定性的过程。个体对创新采用不确定性的消除有赖于其所处的传播网络提供信息，包括有关创新的信息和对创新的评价信息。创新扩散理论指出："在农业技术交流中，一般的时间顺序是：信息通过大众媒介直接输送到意识层面，然后到团体最后到个人。"[①]

上述研究指出了这一时期农业新技术扩散过程中存在的两个网络：一个是政府控制下的传播媒介网络，一个是政府网络。传播媒介网络以大众传播渠道使农民从各个角度和层面知晓了了解关于新技术的信息。政府网络利用组织传播使信息顺畅地自上而下，同时依靠科技人员下乡蹲点实行人际传播的方式来减少农民对新技术认识上的不确定性。大众传播渠道的使用，使农民在认知阶段产生了最大的突进，而人际传播渠道又在个人学习和使用过程中发挥了突出的作用。这两个网络的同时运行对农业新技术的成功扩散起到了重要作用。

这里还要注意到，这段时间基层农业技术人员的地位是很高的。当时社会上流传的顺口溜是"跑千丘田，吃百家粮，扛着'竹竿'晾衣裳"，能看出他们的忙碌，也能看出他们的地位。当时基层农技干部家属如果是农村户口的，可以转给非农业户口，这在当时是非常大的福利，笔者就曾在家乡听一位村民很骄傲地说他给自己的孩子转成了非农户口。乡镇的农民技术员，可以享受乡镇干部待遇，县里招聘技术员的时候，明确规定，为保证基层农业技术人才队伍的稳定，受聘的乡镇农民技术员不得再参加具有农民身份的其他职位的聘用考试，可见当时县乡对于基层农业技

① 【美】埃弗雷特•M•罗杰斯.创新的扩散[M].北京：中央编译出版社,2002:177.

术人才队伍建设是非常重视的。

2. 何官庄村的状况

我们在何官庄村走访了几位老人，有当时普通的村民，也有曾任生产队队长的老人。根据他们的介绍，当时的生产队长不需要多高的文化知识，都是选德高望重的。一位老队长的妻子半是幽怨半是自豪地说："他当队长，我们家越来越穷，都贴补给队里啦！"老队长是那个时代典型的淳朴的积极的农民，何官庄村在新中国成立前是拥军支前的模范村，在著名的莱芜战役中，村民踊跃支前，村里驻过部队，村民为他们送衣送饭，推小车、抬担架、救伤员，村里有党组织，年轻人先后接受党组织的教育，一腔热血为国搞建设。

老队长介绍当时的工作：人民公社时期生产队只要按照"上面"的指示办好事情就可以了。每逢春播秋收，"上面"都派工作组来。"老百姓有没有自己的想法？也是有的，有一年上面让大家种粮食，有人在自留地里种了生姜，结果生产队的干部就去给刨掉啦！胳膊怎么拧得过大腿呢？也就算了。"国家指令性计划层层落实到生产队，甚至什么地块种植什么、种植多少、何时种植，都要由上级明确指示。各级干部的主要任务是落实计划，催种催收。

农业新技术的采纳也是听从上级的指示。20世纪50年代政府在当地推广了杂交玉米，政府宣传说杂交玉米比本地玉米产量高，种子是生产队统一买的，土地是集体的，村里一下子就全换上新品种了。具体杂交玉米的种植方法由"上面"派来的技术人员给予指导。当时的物资也很短缺，因此在使用过程中要严格依照指示来使用。老队长将这个过程形象地比喻为"称盐的不能打油"，上级拨付下来的化肥、种子等物资使用控制都很严格，用在什么地方，用多少，都有规定。

3. 对比分析

何官庄村推广杂交玉米的时间与李南田研究的杂交水稻的推广时间上有一定差距，但程序上有很多相同之处。即农民都是在信息的知晓方面都是通过大众媒体或政府组织的会议、下发的文件，新技术的学习和使用都是在政府组织成员的指导之下。李南田等的研究分析对何官庄村的情况同样适用。在何官庄村推广杂交玉米的过程中也存在这么两个网络：政府控制下的媒介网络对新技术进行宣传，以农业技术推广体系为代表的政府网络对农民新技术的使用进行了指导。

但是何官庄村杂交玉米被农民采用的过程与罗杰斯研究的艾奥瓦州杂交玉米的扩散过程并不完全相符。在何官庄村杂交玉米的扩散中，农民没有经过知识、说服、决策阶段便直接进入了使用阶段，原因就是制度性因素。我国在这一时期实行的高度集中的计划经济体制决定了农业新技术的推广方式必然是自上而下的，杂交玉米新技术的采用决策是在政府层面就做出了，接下来的只需要依靠政府的行政命令强制农民采取行动。在高度集中的计划经济制度下，在农产品按国家指标生产、统购统销的时代，农村里的产品、技术、土地、劳动和租赁等要素市场都"在农户的制度选择集中被剔除掉了"[1]。即便在农民拥有一定的自留地的时候，农民想自主采用或拒绝采用农业新技术都几乎是不可能的。

杂交水稻的推广也是如此，虽然大众媒介的宣传和技术员的

---

① 林毅夫. 再论制度、技术与中国农业发展 [M]. 北京：北京大学出版社,2000:104.

身体力行对农民的种植起了一定的促进作用，但是这并不是农民种植的最根本原因。杂交水稻技术在中国 20 世纪 70 年代中后期迅速扩散的最根本原因是高度集中的计划经济体制，是因为社会再生产、流通、分配、消费的各个环节的决策权都在政府。当发展杂交水稻成为国策，在政府的命令之下农民除了种植这种水稻别无选择。至于大众媒介得以高效利用、技术员通过蹲点驻扎身体力行使农民观察到新技术的优越性等都是在这个前提之下的，都仅仅是促进了农民从心理上更快认同这项新技术。这个迅速推广的案例体现了计划经济体制的优点：迅速高效对新技术进行了推广。但是这个前提是，这项新技术确实适用，确实能带来正面的结果。如果政府对新技术的选择出现了失误，那么这种推广带来的负面后果也是会相当严重的。

因此要正确认识改革开放之前的这段时期内农业新技术扩散程序的特点，就必须明白其建构是基于我国当时实行的再分配经济体制。"再分配经济的特征是，生产者与消费者没有横向联系，所有生产者都纳入经济管理的'中央'指挥下的纵向网络，产品和生产盈余自下而上交给中央，中央按照纵向网络中的权力关系从上而下的对产品和剩余进行再分配。"①

可以说，十一届三中全会以前的大集体时期，农业新技术进入农村社会的主要特征是国家的规划和强制性。这段时期里创新的扩散程序是一种强制采纳的过程。

---

① 边艳杰.市场转型与社会分层——美国社会学者分析中国 [M].北京：三联书店,2002:16.

第三节　1982 年至 1992 年

直到 1980 年初，情况才发生根本性转变。进入 20 世纪 80 年代，我国农村政治改革开放与经济改革开放基本同步进行。分田单干把农民从人民公社体制下解放出来，使农民有了一定的经营权。1984 年中央做出决定，撤销人民公社，建立了乡镇人民政府和农村村民委员会。至自治、直选村主任的试点工作，乡镇的供销合作社、食品公司等经营部门开始改制，国家给予部门的经营特权退出。改革的进行影响了农业新技术的扩散方式。

一、制度与政策的变化

土地制度上，农村开始采用新的农户为基础的耕作制度。到 1983 年底，中国 98% 的生产队实行了家庭联产承包责任制，把土地和其他资源依据家庭规模分配给各农户。包干到户将劳动力与生产成果之间的利益明晰化，用农民自己的话说就是"交够国家的，留够集体的，剩下都是自己的"。这句话反映出了这一时期的三个利益主体：政府、集体和农民。

政治制度上，改革前后，"首先生产队取消，演变成没有什么活力的'村民小组'，接着公社和大队也被撤销。1982 年颁布的新《宪法》恢复了乡政府，把乡政府和村民委员会确定为中国的基层政权组织"①。1987 年国家又颁布了《村委会组织法》。明确规定村委会一级实行村民自治。因为土地的经营权交给了农民，村集体

---

① 潘维. 农民与市场 [M]. 北京：商务印书馆,2003:44.

组织对农业生产的控制出现一定弱化。但是由于土地的所有权在村集体手中，村集体还拥有一部分权力，比如土地承包的调整权和对荒山、池塘等农村公共物品的分配权。

经济制度上，国务院研究室课题组在关于农村市场经济与政府职能的专题研究报告上指出，我国在这段时间里经历了从统购统销到营销市场化的制度变迁，而且是"渐进式的改革战略"。比如农产品营销制度改革中的渐进性"既表现在分品种的推进上，又表现在分区域的实施上，还表现在同一品种的双轨制上"①。十一届三中全会以后，农村集贸市场迅速恢复和发展，农产品的产销方直接见面，供求状况开始对农产品集贸市场上的价格产生影响。这段时期内农民在农产品的生产、流通、消费领域中已经逐渐有了一定的自主权。虽然农产品中的粮食的市场化转变速度比较慢，但对于其他的农产品和农副产品则较快地实现了计划购销范围的缩小直至取消和实现市场自销。1978 年以后蔬菜、瓜果以及其他经济作物的播种面积都出现了增加，这是农民一定范围内自主经营的表现。但是也有研究者认为："从整个经济体制改革的情况来看，1978—1992 年仍然坚持的是计划经济体制，尽管已大胆引入了市场机制，但其仍然被视为是一种补充作用。在这种背景下，农业宏观管理体制仍然从中央到地方，再从地方政府向农户发布。"②之所以有这样的结论，跟当时农村财政管理体制是密切相关的，乡被恢复为一级农村政府之后，乡镇财政实力迅速增强，支出规模逐步扩大，农户就需要承担比较多的税费。农民除了缴

---

①　国务院研究室课题组.农村·市场·政府 [M].北京:中国农业出版社,1994:109.

②　杨明洪.农业增长方式转换机制论 [M].成都:西南财经大学出版社,2003:113.

纳农业税等税收，还要承担村提留、乡统筹费、农村义务工、劳动积累工等。农民负担加重的同时，是乡政府对农村的控制加强。

二、政府农业推广体系变迁

政府的农业推广体系在这一时期也发生了改革和发展。1978年召开的全国科学大会上，邓小平同志阐述了"科学是第一生产力"的观点，使全党全国更加重视科学技术和科技工作。以后，各地农业技术推广站和种子站、植保站等陆续恢复。1982年7月，农业部成立全国农业技术推广总站，并在北京召开了农技推广中心试点县经验交流会，决定在全国建立县农技推广中心。与此同时，改变了县、公社、大队、生产队组成的四级农业科学试验网，乡镇农机推广站的建设发展迅速，逐渐形成了以县、乡镇两级推广机构为重点的技术推广体系。

由于十一届三中全会上提出了政治体制方面需要着手改革的一个问题是：下放经济管理权限，精简经济行政机构。1984年，莱芜将设立于乡镇一级的涉农服务机构全部下放给乡镇政府管理，并将其事业费以当年拨付额为基数"捆绑"下拨给乡镇政府，今后逐年减拨，同时加大乡镇的财政包干底数。1988年，中央政府将莱芜的经验向全国推广，将乡镇农技推广站的人、财、物管理权限由县农业局下放到乡镇。

下放权限虽然是从精简政府行政机构和工作人员的目标出发的，但前提是认为只要将事业费"捆绑"下拨乡镇，这些涉农服务机构的运行就可以得到保障；并且认为这些服务机构被下放到乡镇以后有利于促使他们走向经济建设第一线，提高经济效益。

但事实上，因为乡镇上报的财政收入数字是不准确甚至掺有水分的，因此乡镇政府在其他方面经费不足时会调用这些涉农服务机构的经费。

农技推广站的经费保障不了，他们的工作开展就有困难。同时，这些涉农服务机构下放到乡镇以后，与县以及以上业务部门之间其实是发生了断裂，不能得到及时的业务指导，加之经费紧缺，其工作开展不顺畅，最终造成这些农技推广部门的服务质量是不断下降的。尽管在1991年国务院发布了《关于加强农业社会化服务体系的通知》，要求各级政府必须充分发挥专业经济技术部门的职能作用，加强乡级技术推广机构建设，鼓励大中专毕业生到农村第一线服务。但是20世纪90年代初县乡两级财政普遍紧张，农业技术推广部门的事业经费乃至工作人员的工资都失去了基本保障，这些机构举步维艰。这种"又要马儿跑，又要马儿不吃草"的做法显然不奏效。1993年农业部组织的对农技推广现状调查结果认为：在商品经济和市场经济大潮冲击下的农业科技推广网络已经是"网破、线断、人散"，大约41%的乡镇农技推广机构被减拨或停拨事业费，约有1/3的农业技术推广人员离开了技术推广岗位。这是由农村基层公共服务部门"条条管理"变为"块块管理"引起的必然后果。县以上部门给乡镇的各种服务机构的财务物力支持逐渐"断供"，那上级给下达的任务，也就容易敷衍塞责，做不到积极完成。

三、政府向服务型转变及农民自主意识的觉醒

改革开放之后整个20世纪80年代我国农村公共服务供给体

系的变迁，我们可以总结为"条条管理"向"块块管理"的转变，到 1993 年，全国基本完成了将三农服务机构下放到乡镇的管理体制改革。这是一个重要转折，自从"莱芜经验"向全国推广，中国农村基层社会化服务体系逐渐走向了衰落乃至解体。

由于在山东、全国冶炼中心的特殊地位，莱芜县在这个阶段行政区划发生了改变，1983 年撤县设市，成为省级直辖，由泰安代管，到 1992 年正式升级为地级市。行政区划规格的提高没有改变财政上的问题，作为一个尚没有什么突出特色产业的乡镇，方下镇的财政状况并不乐观。在查阅二十多年的财政收入数字时，发现 20 世纪 90 年代的一些数字比 2002 年的要高，在询问中得知，这不是财政收入的实际下降，是本身这些数字就不真实。

跟整个莱芜市的情况一样，方下镇种子站等涉农服务机构都被推向了市场，自我经营自负盈亏。方下镇的技术员人员正在逐渐减少，掌握的技术知识也开始陈旧老化。由于镇农技推广系统存在的经费紧张和技术推广人员缺乏等问题，方下镇在农业新技术推广上明显表现出有心无力。何官庄村的村民们表示，在 1980 年到 1992 年这段时期，靠"上面"到村里来推广的新技术几乎没有。

当然并不是说镇政府对农业技术推广工作完全不作为，农业部于 1988 年提出建设"菜篮子工程"，提出了菜篮子市长负责制，这是"菜篮子工程"的一期工程，建立了中央和地方的肉、蛋、奶、水产和蔬菜生产基地及良种繁育、饲料加工等服务体系，建立了 2000 多个集贸市场，城市的副食品基本得到解决。在这个背景下，山东寿光经验成为全国学习的典型。20 世纪 80 年代初山东寿光蔬菜生产开始发展，至 80 年代中期就已经初具规模。国内的众多媒体，尤其是山东省内的媒体开始对寿光进行了大量的宣传报道，各地纷纷前往寿光去参观学习寿光蔬菜种植的经验。1985年和 1986 年方下镇组织农民去寿光参观，车是镇上派出的，免费接送前去参观的农民。前去参观的农民很受启发，对于种植蔬菜有了很大热情，这些人回来以后陆续开始了种菜生涯，也基本成为 90 年代第一批建温室大棚的人。但是很可惜的是，参观回来以后，镇政府没能采取更多措施。

虽然方下镇没有进一步的行动，但这在消息比较闭塞的时代毕竟给农民打开了一扇门。方下镇组织农民去寿光参观的时候，1985 年何官庄村去了三人，1986 年去了一人，是前面三人中的一个，叫石茂常。根据他的回忆，从寿光回来以后，根据镇政府的指示，村里划出了专门的土地以便于农民种菜。但镇上"只是口头说扶持发展温室种菜，实际上没有多大举动"。这三位中的两位在 1986 年自己建起了春暖温室，其中一户在建温室时得到了镇上支援的一吨水泥。另一户表示愤愤不平，因为村里的人都因为他没文化而不支持他，他因此连一吨水泥都没有得到。镇政府当时要求村集体为建温室的农户提供一定的支持，但是当时何官庄村表示正在筹备一个村办企业何官庄村鞭炮厂。除了调地，没能给温室农户提供其他的帮助。人民公社时期的生产队现在已经改称小组，村里想从别的小组调一台水泵给这两户建温室的农户使用，但是协调没有成功。

这表明村集体在新技术的推广上起的作用也很小，虽然集体成为比较独立的经营实体，能以集体拥有的生产资料为自己谋取利润，比如何官庄村在这一时期办起的村办企业，而且也能够通过调整土地等方式在一定程度上影响农民的种植计划，比如村里为农户调整出了适合种植蔬菜的土地。但是村集体没有能力给予村民新技术采用方面的资金或技术支持。

这两户开始发展温室蔬菜的农民，开始了艰难地摸索学习的过程。当时他们建的是春暖温室，还不是冬季温室，技术上要求还稍微低一点，但是对于原来没有任何经验的他们来说是非常困难的。石茂常是高中毕业文化，接受新事物的能力和学习能力已经是何官庄村最拔尖的人物，他发现村里订了两份报纸，会认真阅读报纸上的每一个消息和有关知识，他听广播，关注广播节目和广告信息，自己到处购买书籍，还四处打听老师，当时他跑到泰安山东农业大学去拜访老师求指点。对于镇上的技术员，他之前已经交流了很多次，但是技术员们只是对粮食的种植比较精通，对于温室蔬菜种植的知识，还不如他多。第一年温室大棚种上蔬菜以后，出现了问题，当时他温室里的黄瓜上了霉菌病，他第一次见到这种病，不太了解，四处打听，病急乱投医，当时听从了一名镇技术员的"指导"，这位指导员居然认为是他的温室里太热了，建议他把大棚揭开来晾一下。温室里的高温与室外的低温差距太大，导致黄瓜迅速冻伤枯萎，这个错误操作让他损失惨重。

除了建春暖温室，在这十几年里，何官庄村在农业新技术自主采用上有了很多其他方面的进步。首先是农作物品种的改进，从种子站能购买到的农作物新品种越来越多，有很多个体单干户开始从种子站或者从一些农业科研机构处大量购进种子，然后到农村的市场上零售，从中获得利润。在农民拥有了土地的使用权的情况下，新品种的推广按照市场的正常逻辑：卖家向农民宣传推销，农民先购买少量试种，在确认了其产量高、扛倒伏性好、扛病毒等优越性之后，第二年便有可能大量种植。

其次是化肥和农药品种的改进，村里原来没有专门进行化肥农药的销售点，要到镇上的销售点去购买。自20世纪80年代后期，陆陆续续有个人开始办起经营化肥农药的销售点，他们直接跟生产厂家联系，厂家出产的各种新产品可以顺利到达每个村庄，村民能非常方便地选择和购买。化肥逐渐从卖方市场走向买方市场。

再是农业器械的改进，播种机、收割机、拖拉机、三动车、各种水泵等逐渐在农业生产中得到试用。这些器械有的是集体购买轮流使用，有的是个人购买后出租给其他人使用。

四、农业新技术扩散强制性弱化程式

1978年改革开放以后我国的农业社会制度发生了一系列变迁，土地制度的核心变成土地集体所有、平均分配和家庭经营。这种制度解放了人民公社时期被禁锢的农业基本生产要素——土地和劳动力。新的经营制度使农民有了自己的劳动支配权和独立核算权，农民有了一定自己发展的空间。

在这个发展空间内，允许农民在自己承包的土地上有了经营权，于是农民能相对自主地采纳农业新技术。也正是因为制度变化带来的这个空间，使农业新技术的扩散出现了强制性的弱化。强制性的弱化分为两个层面：

1. 强制性依旧存在

（1）强制性体现之一在于农民种植的作物种类上。由于新中国成立以来一直发展粮食生产，粮食是农村种植的最重要的作物。1978—1992 年间，在各种农产品中，粮食作为需求弹性较小的农产品，转入营销市场化的时间最晚，速度最慢。1982 年中央一号文件规定：粮棉油等产品依旧坚持统购统销的政策。1983 年中央一号文件规定：完成统派购任务后的产品（包括粮食，不包括棉花）和非统派购产品，允许多渠道经营。1985 年中央一号文件规定：粮、棉取消统购，改为合同定购，定购以外的粮、棉允许农民上市自销；取消派购；农产品不再受原来经营分工的限制，实行多渠道直线流通。1987 年中央一号文件规定：粮食合同定购部分作为农民向国家的交售任务，要保证完成。

从以上文件的内容我们可以看到，实际上在 1978—1992 年这段时期内，粮食的生产和流通相当程度上仍然被控制在政府手中。农民为了完成国家的任务仍然必须大面积种植粮食作物。这就从土地的使用上拒绝了农民完全放弃种植粮食的可能，因此农民不仅要种植粮食，而且要种植政府指定收购的粮食种类。

（2）强制性体现之二在于大众媒介依然由政府掌握，政府依然控制着信息源。虽然农民有新技术的信息需求，但由于技术市场没建起来，缺乏这方面的供应，农民可依赖的信息来源依然是政府，因此政府依然可以将过滤筛选过的新技术信息提供给农民。何官庄村两户农民对温室技术的采用看似是他们自主采用的，可是前提是政府组织参观寿光蔬菜大棚才让他们知晓了这项新技术的存在并对这项新技术有了初步的认识，政府提供的信息是他们了解新技术的实际来源。

2. 强制性的弱化问题

（1）弱化体现之一在于：由于包产到户，农民虽然必须要种植一定的粮食，但在指定的粮食种类中可以自己决定种植什么品种的粮食以及如何对农作物进行种植管理，所以农民可以自主采用新的粮食品种和新的化肥、农业、农业器械种类。

种子、化肥、农药、农用器械等这些新技术都是结合在农业生产资料上的有形技术成果，简单直观，而且都比较容易被人们掌握或使用，很好地体现了其优越性和较少的复杂性。复杂性是指理解与使用这项创新的相对难度，通常说来，一项创新的复杂性与它被采纳的比率是成反比的。另外，这些创新还有较好的可试验性，可试验性是指创新在有限的基础上可能进行试验的程度，也就是新技术能被试用。罗杰斯指出，试用是潜在采纳者在一定程度和一定范围内对创新进行使用，看其实际的效果，以消除对创新的种种不确定性。试用可以是自己的直接试用，也可以看别人试用结果，属于间接试用。农户之间有非常多的面对面交流，大量的人际传播使他们对这些新产品新技术有充分的试用机会。新的种子、化肥、农药、农业器械的操作等都可以在小范围内被试用，试用结果很好地降低了农民采用这些新品种新产品的风险。

（2）弱化体现之二在于：土地已经承包给农民，在法律上农民还逐步走向了自治，政府已经不能再单纯依靠行政命令来控制农民对农业新技术的采纳。而且农民完成了国家和集体的任务之后，可以自主种植一些其他的作物，这给农民自主引进与传统耕作方式完全不同的新技术提供了可能，比如温室蔬菜种植技术。

在这段时间内，我国政府对农村社会的管理仍然以计划为主，但是一些改革措施已经催生了市场经济的萌芽。我们将这段时期内的农业新技术扩散成为强制性弱化了的扩散程式。

自治下的农村的经济发展需要的是农村公共服务体系的建立。农村公共服务是农村公共产品的一部分，是指"由政府及其他机构举办的，为农业经济生产、农村社会发展和农民日常生活提供的各种服务的统称。"① 农村公共服务在农业生产发展方面包括农业科技服务、农业信息服务等。从何官庄村在 1980—1982 年间的具体情况看，虽然镇政府和村集体在技术和信息上提供了很少的服务，但有部分农民仍然自主采纳了一些新技术，这充分体现了农民作为一种利益主体的确立。

从何官庄村的情况看，1982 年以后何官庄村农民有了自主采用新技术的意识，1985 年方下镇政府组织农民外出参观温室新技术，属于启发而不是强制农民种植蔬菜，这就属于政府为农民提供的一种信息服务。农村技术扩散开始从一种政府行政行为向服务行为转变，自上而下的强制性扩散已经发生了改变。

但是政府的服务体系尚未建立起来。在村民石茂常对新技术的采纳过程中，政府没有在生产中给予农民及时和正确的技术服务，不仅如此，还由于镇技术员的知识更新太慢而导致了其在对农的技术指导服务中水平过低，以至于影响了农民新技术的使用，甚至起到了反作用。

不仅在信息和技术指导方面，这段时期农村其他方面的公共服务提高也很少。在改革之前的农村集体经济条件下，农民的基本

---

① 徐小青．中国农村公共服务 [M]．北京：中国发展出版社，2002:6．

生活保障主要依靠集体。随着家庭联产承包责任制在农村普遍实行，过去实行的以集体保障为主体，国家和家庭保障为补充的农村社会保障体系随之解体，农村人口的保障基本上由农户家庭承担。比如农村医疗保障制度，在 1976 年的时候，全国有 90% 以上的生产大队办起了合作医疗制度。20 世纪 80 年代初农村实行联产承包责任制以后，在全国大多数地方集体经济逐渐解体，农村合作医疗制度失去了经济支持和后盾，加之这个制度本身也存在一定的问题，不尽合理，最后就导致了这项制度的崩溃。到 1992 年的时候，农民在社会保障方面基本是全要靠自己了，这导致农民在市场上倍感风险，有相当的后顾之忧。感知到风险的农民，当勉强能维持温饱时，不敢轻易冒险。因此虽然很多农民知道种菜可能比种粮食收入高，但是担心万一种植不成功，会有掉到贫困线之下不能维持温饱的境地，于是继续种植粮食，以自给自足的方式回避市场。

第四节　1992 年至 2004 年

1992 年，中共中央将邓小平视察南方的重要谈话以中共中央 1992 年 2 号文件的名义向全党下发和传达。就在这一年，中国共产党第十四次全国代表大会召开。会上提出，我国经济体制改革的目标是建立社会主义市场经济体制。自此，农村市场经济的主体得到进一步培育，整个农村的生产经营体制、流通体制、技术改造、城乡关系等也有了进一步发展变化，经济体制改革从农村中发展开来。

一、社会主义市场经济体制的发展

为建立社会主义市场经济体制，我国农业和农村经济在改革方面提出了许多重大措施。比如在基本经营制度和产权制度上，第一次提出了土地制度发展的基本架构（在土地承包延长 30 年的基础上建立农地使用权的流转机制）；在粮食购销体制上，1992 年国务院关于发展高产优质高效农业的决定指出：加快粮食购销体制改革，进一步向粮食商品化、经营市场化的方向推进。1992 年5 月，中央发布规定，各省可根据各自情况进行粮食流通体制改革，除了保证国家定购的 500 亿公斤粮食外，各省可自行确定余粮的调剂和流通，并对居民的平价口粮销售可自行改革。1992-1993 年，先后有 27 个省、自治区和直辖市的 1800 个县放开粮食生产和经营。从 1993 年起，取消省际的计划调拨，省际粮食流通通过市场进行。在宏观调控上，颁布了《农业法》《农业技术推广法》为代表的一批农业法律和规章。

1993 年，农业部等六部门联合发布了《关于稳定农业技术推广体系的通知》，希望明确县、乡两级政府对农技推广机构的管理职责。同年 7 月，八届全国人大常委会第二次会议通过《中华人民共和国农业技术推广法》，明确规定："国家扶持农业技术推广事业，促使先进的农业技术尽快应用于农业生产。"1994 年，中共中央、国务院《关于 1995 年农业和农村工作的意见》指出："农业推广体系是支持农业发展的重要力量，机构要稳定，队伍要充实，经费要增加，手段要加强。在机构改革中，不能搞'脱钩断奶'，更不能撤销。"

1994 年 1 月，国务院在北京召开了全国粮棉油及"菜篮子"工作会议。会议对"菜篮子"产品市场体系建设、宏观调控、落实市长负责制、扶持粮棉油和"菜篮子"产品生产、流通的有关政策等项工作进行了安排和部署。同年 4 月，国务院发出《关于加强"菜篮子"和粮棉油工作的通知》，进一步明确了完善"菜篮子工程"建设的有关措施和政策。

1995 年 2 月，《中共中央、国务院关于做好一九九五年农业和农村工作的意见》中明确提出，要根据城镇建设的发展和居民消费需求的变化，抓紧组织实施新一轮"菜篮子过程"。为扶持"菜篮子"基地建设制定的各项政策措施主要包括：

（一）财政扶持项目。农业综合开发基金中每年安排的 1500 万元"菜篮子工程"专款（有偿、无偿各占一半）；财政支农资金中每年安排农村水产补助资金 3400 万元；"丰收计划"专项拨款用于"菜篮子"建设的部分；中央财政安排的瘦肉型猪基地资金 1000 万元；名特优农产品专项资金 1500 万元。

（二）信贷支持项目。畜禽基地建设贷款 6000 万元；饲料工业技术改造贷款 500 万元；饲料工业基建"拨改贷"每年按 7100 万元列入国家计划，由有关部门安排；"八五"期间发展远洋渔业贷款 7 亿元，其中在车、船、飞机购置贷款中安排 5 亿元，"拨改贷"资金 2 亿元；信贷部门用于"菜篮子"基地建设的贷款规模要逐年有所增加。

（三）物资扶持项目。秸秆氨化养牛的尿素、大棚生产用的塑料薄膜、渔业生产用的柴油、全国五大蔬菜基地用化肥、饲料工业生产用化肥，要列入国家计划，保证供应。

二、温室蔬菜种植技术之扩散

1992—2004 年间，何官庄村发展了一大批温室大棚，有 38 个，在这个素来以种植粮食为主业的村庄，是非常引人注目的。这次新技术的采纳以整个方下镇的大力推广作为背景，在调查走访过程中，不同身份的参与者给我们讲了几个不同的故事，非常值得探讨。

（一）乡镇推广者的讲述

温室蔬菜种植技术的推广者主要是方下镇政府。在此次新技术推广过程中，镇政府的工作主要包括宣传、扶持、示范等。

1. 多种媒介的大力宣传

在国家大力支持"菜篮子工程"发展这一背景下，方下镇自 1994 年开始推广温室蔬菜种植新技术的步伐。方下镇做出这个决定是有一定的基础的，本身方下镇距离莱芜市区只有十公里，区位优越，交通便利，加之 1985 年方下镇政府组织村民去寿光参观蔬菜种植基地启发引导农民种菜之后，方下镇最靠近城区的嘶马河、卢家庄等几个村已经发展起了蔬菜种植生产基地，供应城区市民吃菜，并且已经形成了一定规模。到 1994 年，方下镇已经有 171 个温室大棚。在这个基础上，莱芜市政府决定发展方下镇这个"菜篮子"，支持方下镇大力发展温室蔬菜种植。

对于发展温室蔬菜生产，虽然有分管农业的副镇长，但当时的方下镇镇长亲自抓这项工作，采取了一系列措施。

首先就是组织系统内的宣传发动，制定了《关于鼓励发展冬暖温室的规定》等文件，在镇、管区和村庄这个组织系统内层层下发，召开各种动员会、培训会、座谈会，倡导各村科学规划、建设园区，采取灵活多样的形式（如村建棚、户承包；村建棚、户租赁；户建棚、户租赁；村建棚、对外开放等）发展温室，先让各班人马对这个事件重视起来，然后方下镇不断组织农户外出参观。现在有了本镇在嘶马河、卢家庄等村已经发展起来的温室，参观不需要再像1985年那样跑到寿光去参观了，就近学习成本更低。而且就在同一个镇里，可以多次参观，详细了解和询问，不像1985年去寿光参观时那样走马观花。

传统的宣传手段都用上了，从镇上到村里，墙上或刷的字或贴的红纸，上面都是"要想富得快，少种粮食多种菜"之类的口号，非常引人注目，也很有气氛。最有创意的应当是发动了村小学的老师，在学校里老师向学生宣传种菜的种种好处，让学生们回家把各种宣传口号背诵给家长听。

2. 组织保证与支持

镇政府知道，参观、开大会、贴标语、喊口号这些手段，只能是营造出一种"科技兴农"的气氛，从形式上来讲，与改革前的其他政治动员方式没有什么根本的差别。抓农业税收、抓计划生育甚至当年搞"文革"，都曾经使用过这样的宣传方式。这些只是为推广温室建设做了思想上的准备，但是要让农民真正搞起冬暖温室来，还远远不够。建冬季温室的投入比建春季温室的投入要大，每建一个温室大概需要七八千元，在1994年一吨小麦八百元左右的价格（折合一斤麦子四角钱左右），这个成本简直可以算是天价。在何官庄村人均耕地1.2亩，以种小麦为主，一家三口人不到四亩的耕地，在最风调雨顺的时候，小麦产量也不五千斤，全部算成现金还不足两千元。一个七八千元的温室相当于富裕人家盖房子了，是需要相当大的魄力的。仅仅依靠普通的宣传就让农民把温室建起来几乎是不可能的，镇上必须在资金和技术上给予支持。

为了确保将《关于鼓励发展冬暖温室的规定》落到实处，镇上成立了专门的班子。镇蔬菜办负责全镇温室发展总体规划、技术服务等；镇政府成立专门验收小组，由分管副镇长任组长，会同农技站、蔬菜办、经管统计站、林业站等部门及管区参加；镇种子门市部优惠供应种子、农膜、肥料和农药等。

具体操作中，方下镇规定了温室的标准：60 米长、7.5 米宽、后墙高 1.8 米以上的温室为标准温室。对农户的扶持措施为：农户每新建一个 60 米长的温室，镇政府扶持现金 600 元，提供一年期无息贷款 5000 元。建起温室后镇上会给予无偿的技术指导。

新技术推广之初，方下镇按照户数、人均耕地和发展基础（原则上每 236 人一个温室为标准）确定了各个管区（方下镇分了五个管区）和各村发展温室的基数。完成基数的管区，奖励管区 1000 元，每超建一个温室奖励现金 100 元。完成基数的村，每个温室奖励村干部 200 元，超建 1—20 个，每超建一个温室奖励村干部现金 400 元，超建 21 个以上的，每超建一个温室奖励村干部现金 800 元（书记、主任合得奖金总额的 50%）。完不成基数的管区，每少建一个罚管区 40 元（从工资中扣除）；完不成基数的村，每少建一个罚村干部 40 元（书记、主任占罚款总额的 50%）。同时镇政府还鼓励发展非温室蔬菜生产，凡是每村连片发展蔬菜面积在 50 亩以上的，每发展 50 亩蔬菜，奖励管区 100 元，村干部

200 元（书记、主任合占 50%）。已形成蔬菜生产规模的嘶马河等村庄，以 100 亩为单位，计发奖金。蔬菜发展与温室建设任务的完成情况作为年终考核评比的一个重要条件，参与考评计分奖罚。

3. 技术指导

方下镇政府承诺给予温室蔬菜种植户进行技术指导，确实也尽力落实了。镇上农技站的几个技术员负责给农户授课。各村经常组织农户到镇上去听课，或者技术员到村里讲课，技术员间或到温室里具体指导。不过由于方下镇技术员数量太少，需要负责全镇几十个村的技术指导任务，任务繁重，到具体各村授课甚至下到每个温室里指导是不现实的，因此以组织农户都镇上集体学习为主。

关于技术员授课的内容，主要是西红柿和黄瓜的种植技术，因为几个技术员"只对这两种蔬菜的种植技术掌握比较成熟"。何官庄村的农户受此影响，一开始种植的基本就是西红柿和黄瓜这两种蔬菜。这一点是让镇上也比较无奈的。其实此时作为全国蔬菜生产大省的山东，发展温室蔬菜已经有十几年的历史了，距离上次带农户参观寿光蔬菜基地也已经过去十年了。莱芜市不仅是山东省蔬菜生产的重要基地，还是农业新科技的科研基地之一。莱芜市农科所是山东省规模最大的生物技术成果转化中心，莱芜市的农业高新技术示范园区被列入全国六大重点示范园区。在这样的背景之下，方下镇的技术员掌握的新技术如此贫乏，农民对这些新技术的了解又是如此欠缺，反映了中国农业新技术推广中的一个问题：在农村技术推广过程中，主要有三大角色，即研究结构中的研究者，包括研究所、大学等，推广机构中的推广员，包括国家、省、地市、县及乡级推广机构中的技术员，以及技术的终极用户——农民。"这三大角色之间存在两大断层：首先是研究者与推广员之前的断层，即许多研究成果到不了推广员那里去；其次是推广员与农民之间的断层，即推广员的技术到不了农民那里去。"①

分析这两个断层的原因，研究机构中的技术为什么到达不了农民这里，一个因为是在研究者在实验室搞研究发明的时候，对于农业技术和农业生产的关系还不够明确。研究者考虑的是技术的先进性，但农民考虑的是技术的性价比，在农民那里，不能赚钱的技术就是没有用的。很多农业新技术不是那么容易实施，既需要农民具有一定的知识基础，还需要一些特定的工具和配套设施。新技术的扩散尤其需要这个整体环境达到一定要求，就类似于开发商要建房子卖房子之前先考虑周围的道路是否已修好，有没有配套的菜市场等等，否则谁会买一个孤零零的周围没有配套生活设施的房子去住。譬如何官庄村其实在 1985 年以后就建起了两个春季大棚，为什么十年内没能带动更多人模仿。我们可以从石茂常的经历看到，有一次他发现了自己的蔬菜有了问题，通过各种研究发现需要一种叫"多菌灵"的药物才行，可是当时他跑遍了多少农药店也买不到，以至于蔬菜出现严重减产。还有很多农业技术属于实验科学，在具体应用时技术结果存在很大的不确定性，带来的风险很大。

关于农业技术人员的问题，直到现在也还是大问题。农业技术

①　左停，李小云，齐顾波 . 技术发展与农民参与 [M]. 北京 : 中国农业出版社 ,2003:24.

推广人员本身就长期服务于基层，外出学习培训的机会比较少，信息相对闭塞，知识出现老化。改革开放以后，很多地方都取消了对基层农业技术人员的激励措施，农业技术人员的实际工资和福利水平都比较低。在政治发展上，20世纪70年代与他们同期招聘为乡镇财税员等职位的，后来转成了国家干部身份，而他们却没有同等的身份转变，养老保险等方面都没有得到保障。这些都是基层农业技术人才队伍逐渐人员流失走向萎缩的原因。农业在各地政府绩效考核中所占比例下降，农业技术推广任务也就边缘化。在全国的人才培养方面，农业院校和涉农专业的招生也逐步缩减，导致农业技术人员后继乏人，队伍年龄偏大，接受新事物更慢。

所以，在这次温室蔬菜种植技术推广中，方下镇其实已经是拿出了最大的诚意和支持。温室建设初期，镇上从山东农业大学聘请了专家为蔬菜种植户讲课。后来2001年还邀请日本蔬菜博士远腾忠光到方下镇考察，为全镇的干部和蔬菜种植户1000多人授课。

4. 搞示范园区

除了前期的宣传和扶持手段，方下镇还搞了一些示范活动。1995年和1996年方下镇发展了一批温室，但是1997年发展的数目较少。镇政府进行了调研，考察认为前两年建起的温室种植的都是西红柿、黄瓜等普通蔬菜，利润比较低，因此应当引导农民种植科技含量更高的新品种蔬菜。为了更好引导种植户种植新品种，1998年镇上出资200多万元在石桥村建起了近五十个标准温室，成立了温室蔬菜生产示范园，镇上初期决定派专人管理，打算将要推广的新品种先在示范园内做试验。但是派专人管理其实是不现实的，因为技术人员缺乏，镇上根本没有那么多农业技术人员可以在管理几十个温室的同时还要对全镇农民进行技术指导。于是后来将示范园内的温室承包给了当地的个体农户管理，计划在试验新品种的时候为了抵御自然风险和市场风险，对种植新品种的温室进行补贴。但是真正操作的过程中，并没有跟农民签订关于试验过程中出现的风险的具体处理办法协议。

第一次新品种的试验就遇到了很大的问题。示范园温室从山东农科院名下一个公司引进了一个新品种———一种食用仙人掌。当时这个公司以 35 元一片的价格销售给温室种植户仙人掌种子，承诺仙人掌长大以后以 25 元一片的价格回收。仙人掌成长比较顺利，但是没有等到仙人掌长大，这个公司的领导就因为搞传销活动被逮捕了，于是那个回收仙人掌的承诺也就不可能兑现。农户只好自己去找销路，可是这种仙人掌的适口性不好，老百姓也没有食用仙人掌的生活习惯，在普通的集市上根本不可能卖出去，即便拿到城市里去零售也一样卖不掉。最后找到一个加工食用仙人掌的厂家，厂家明显属于买方市场，每斤仙人掌的价格只出到 0.8 元。幸好这种仙人掌的产量是比较高的，初次种植，一个温室就能出产一万斤左右。最后一个温室内种植仙人掌的收入与种植西红柿和黄瓜的收入是相当的。这样，示范园区的仙人掌试验结果才算是没有很难看。但是对于镇政府来说，这就是一次比较失败的推广，曾经参观过示范园的农户感觉仙人掌收入没那么高，而且销售起来比西红柿和黄瓜要困难得多，人们没看到新品种有什么明显优势，也没有人跟着种植仙人掌。副镇长说："没想到第一次就让人给坑了。"可见，在面对市场的风险时，政府也是比较被动的。此后，镇上没有再示范园内试验过其他新品种。相反地，承包示范围的农户却从中看到了商机，他们自己初步寻找到了销路，而且发现仙人掌的产量很高，所以决定继续种植仙人掌。

（二）村干部的讲述

大大小小的会议让何官庄村的干部们认识到了发展蔬菜种植和温室建设任务的重要性，为了完成镇上布置的任务，何官庄村也制定了相应措施。

1. 针对村干部采取激励机制。任何一个村干部，只要发动建成一个温室，村里奖励 200 元。这对于一年工资不过千的村干部而已是个非常大的激励。于是村里的干部们挨家挨户去动员和劝说，很多农户提到当时村干部来劝说自己建温室的时候"不知道来了多少趟，踢破了门槛"。可见人员动员力度之大。

2. 村里对农户的激励机制。除了将方下镇为农民建温室提供的优惠政策和补助落到实处，何官庄村还根据自己的情况增加了一些措施。除了镇上给每个温室扶持的 600 元以外，村里另外为每个新建的温室补助 1000 元现金，记 100 个基建工（折合 500 元），村里还为建温室的农户从镇上的农村信用合作社做贷款做担保，同时每个温室占用的 1.5 亩地当年都不用纳税。

3. 村里为蔬菜种植和温室建设搞配套设施的建设。何官庄村发动村民集资，在 1995 年 2 月 2 日成功申请成立了集贸市场，极大方便了村民农产品的购销活动。1996 年开始，村委又带领村民，动用 3000 多个劳动工日，在温室集中地段修路，同时将通向村外的五条大道进行整修，部分压成灰土路，部分铺成柏油路。道路的整修非常重要，后期温室蔬菜种植了以后，既方便村民自己往外运输，也方便城市里的蔬菜经纪人下乡收购蔬菜。何官庄村的温室地段处在岭上，地势较高，浇灌蔬菜用水需要解决，村领导几次去莱芜水利地质勘探局找水利专家来为村里寻找水源，定桩 3 处，然后请打井队具体施工，前后投资两万元，解决了用水问题。村里还为新建的温室拉上电线，村里在 2000 年 10 月也完成了网络电话村的工作，成为方下镇第一批电话村。这些工作是靠农民个人完成不了的，为温室的发展和建设起到了重要作用。

4. 为农户提供技术支持。在对温室种植户的技术服务方面，村里考虑到镇上技术员的匮乏问题，本村温室出了技术问题，镇上的技术员不可能及时赶到，进行了反复讨论。最初的想法是从种植温室蔬菜较早的村里聘请一位经验丰富的农民当技术员，但这样的问题很明显，一是那些种植蔬菜较早的农户本身就自己种植蔬菜，非常忙碌，聘请费用少了没人愿意来，费用多了成本又太高，只好作罢。1997 年村里决定在本村培养一位技术员，当时找到了温室种植户中文化程度最高的何建业，他是大专文化，希望他多拿出一些时间到镇上去听课学习，然后回来再把技术传授给别人，村里可以每天给他几块钱的补贴。但这条路子也没有行得通，首先是他发现他根本没有那么多时间去听课，他去了几次，发现非常耽误自己家里的农活，他新建了温室，正是万事开头的时候，耗不起那么多时间。为了一天几元钱的补贴耽误自己温室里的工作，是非常不值得的。另外也是因为他发现技术员讲的知识并不新鲜，还不如他自己看书学得多，所以果断选择放弃。在这里我们还是能够看到乡镇农技推广的问题，基层农业技术人才队伍建设太过边缘化，技术员知识陈旧老化，竟然到了农民都看不上的地步！

这里还要介绍一下何官庄村在推广温室建设时期的村书记。他在当兵期间入党，复员回家后，在村里的党员会议上敢于大胆发言，受到镇领导的赏识。1995年任村副主任，1996年当选为主任兼书记。新上任之时，一腔热血想要带领何官庄村民开创新局面，在说服村民修建温室和修路拉电等工作上都非常积极。但是，何官庄村是以传统农业为主的村庄，资金匮乏。20世纪80年代建立的村办企业鞭炮厂由于出了爆炸事故，留下一堆长久未清的账目。他要开展新工作，必须筹集资金清理这些旧账目，但这牵扯到很多村干部的个人利益。于是很快很多检举信交到了管区和镇上，1998年他被撤职。此后，何官庄村基本停止了发动农户建设温室的步伐，也不再为建温室的农户调整土地。1999年之后何官庄村新建温室很少。

何官庄村的干部们对本村建立温室这件事非常尽力，他们也确实采取了各种办法。首先以几个条件选定重点对象进行劝服：一是之前种植过无保护蔬菜的，就是有蔬菜种植经验的农户；二是家庭经济状况比较好的；三是家中有劳动力的。然后逐个去劝说，尤其是对这些重点劝服对象，常常是几个干部分别去过几次，将各种道理都讲遍了。村干部认为是他们"跑断腿，磨破嘴"才说服起这些人建了温室，也是因为村里为村民调地、立集、修路、拉电、担保贷款、组织学习，村里是不可能建起这么多温室的。

何官庄村温室发展的总体状况是：1995年新建温室11个，1996年新建11个，1997年新建8个，1998年新建6个，1999年新建1个，2001年新建1个。按照镇上每236人建一个温室的标准，何官庄村远远超过这个标准，因此被评为先进村。

（三）农户的故事

农户在谈到自己如何采用了温室蔬菜种植这项新技术的时候，更多强调的是自身的因素。在走访中我们最常听到的一句话是"其实是我自己本来就想搞温室了，如果自己没想法，那村里再发动也没有用。因为地里种什么是我自己说了算啊"。农民在1992年之后说这句话是非常有底气的，因为自从1992年国家放开粮食的生产和经营，村里的农民不用为了交售任务而必须种植一定的粮食作物，村里照旧年年"收公粮"，但是没有粮食可以拿钱代替。于是农民实现了真正的自主经营，地里种植什么种植多少完全由农户自己说了算。整个20世纪90年代全国粮食安全意识普遍弱化，很多人认为，国际粮价比国内低，粮食不够可以进口。因此对粮食生产不再重视，各地大力发展经济作物种植，何官庄村的情况可以算当时的一个缩影，90年代何官庄村种植小麦的农户已经比较少了，当地大力发展大蒜和生姜的种植。

当然这些最终建了温室的农民也承认政府的推动作用，他们说"有建温室的想法很久了，但是因为资金问题一直很犹豫"，镇上提供的贷款等资金方面的支持以及承诺的技术指导最终让他们下了决心，他们认为这是镇政府为老百姓做的一件好事。至于村干部的"功劳"，他们或者不提，或者轻描淡写提一下。

温室建起来之后最重要的当然就是温室蔬菜的种植技术问题。建了温室的农户对于镇上发展温室的一系列举措是持肯定态度的，但是对于镇上的技术员的态度以贬为主。大多数温室户反映，镇上的老技术员已经走光了，新来的几个技术员都很年轻，刚从大学毕业不久，他们讲的都是高深的大道理，他们也只懂种植的理论，但是严重缺乏实践，所以讲的知识没有实用性。有少部分温室户认为技术员讲得"还可以"，能把基本原理讲明白，但是具体实践的应用，还是要靠自己琢磨。还有一部分温室户基本就没听过技术员讲的课，这部分主要是后来建温室的农户，他们只听说过有技术员这回事，但是从没见技术员来过，大部分技术知识都是跟着其他农户学来的或者自己看书得来的，对技术员基本没有印象。

1995 年第一批 11 个温室在镇政府和村干部的发动之下建立起来，这 11 户早期采用者建设温室的难度最大，发誓要做出个样子给村里人看看，他们认真听镇技术员的讲课，互相交流各种情况，分外团结。但是很可惜技术员实践经验不足，在实际问题的指导上往往比较模糊。当蔬菜植株出现了问题，他们带着去给技术员看，技术员也判断不准。"每遇到问题，大家就七嘴八舌地讨论，但是没有谁的意见更让大家信服，因为此前谁也没真正干过。"因此除了认真听课，他们必须从其他渠道获得具体知识。

首先他们发现了更详细和更具体的知识要从书本中来。图书资料市场的繁荣为农民购买书籍提供了方便，不仅是农民可以到书店去买自己需要的书籍，有些商家也会到村子里来散发一些介绍新肥料新技术的宣传材料。有一位温室户主向我介绍他正阅读过的《农村科技报》，那本是商家为了宣传而赠送给他的报纸，他发现上面介绍新化肥的知识很有用，便进行了认真阅读。

但是农户逐渐意识到书籍的问题和广告存在的问题，书本的知识第一是不够直观，第二就是不一定能完全适用。何官庄村有几户温室户主，文化水平相对较高，自己买了一些蔬菜种植的书本自己研究，按照书上教的办法进行密植，结果导致温室内植株过密光照不足，出现大面积病害，最后减产。广告宣传的问题就更明显了，这是中国广告行业发展的普遍问题，虚假广告问题到现在也是广告法里的重要问题。在种植大蒜生姜等作物的时候，农民因为相信肥料的宣传，结果导致农产品出了问题。比如种植大蒜，氮肥施用过多，会出现蒜薹由正常的一棵一根变成每棵无数根细小的"薹子"。

在书本和广告知识都靠不上的时候，农户们更期望有人能给予自己单独的实地的指导。于是他们先向私人网络寻求帮助，首先是亲戚，假如有关系比较亲密而恰好又懂温室技术的亲戚，那是最好。实际上第一批建设温室的农户确实就是一些有亲戚在种植温室蔬菜的。其次是向外发展新的朋友以期得到帮助。

在村民学习温室管理技术的过程中，有一个重要人物起了很大作用，他叫亓东升，是嘶马河村一家销售化肥、农药商店的店主，嘶马河村本身就是蔬菜种植先进村庄，他在开这个商店之前已经种植了四五年的温室蔬菜，就是发现了温室蔬菜需要的肥料农药商机，才开了这个商店，他边经营温室边经营商店，因此他逐渐成为温室蔬菜种植方面的权威人物，首先他对温室蔬菜的种植有丰富经验，他了解温室蔬菜种植的各个细节，能比较准确地认识蔬菜的每一种病症。尤其是附近村庄种植的基本都西红柿和黄瓜等大众蔬菜，没有超出他的经验范围的。

当然最重要的一个原因是，他是商店老板，他为了生意的长久，为了促进化肥和农药的销售，他愿意给前来购买化肥农药的顾客讲解技术知识。比起靠亲戚的支援，利益的驱动更有力量。

何官庄村温室种植户半数以上受过他的指点，尤其是新建温室的农户，一旦发现温室内哪棵蔬菜不正常而又搞不清楚是什么问题，就把出问题的叶片或者果实带一些到他那里去，亓东升马上能告诉这农户这是什么毛病，应该用什么药物防治和处理，当然最后就把自己的药物销售给了这个农户。在技术指导的加持之下，亓东升培养了大批顾客，给他带来了相当的利润。农户对他也非常感激，因为他对知识的讲授确实毫无保留。有一位农户就说过亓东升帮他发现了温室里要出现的大规模疫病，在第一时间帮他进行了最有效的阻断，告诉他如何将病株如何连根挖出，如何对土壤进行消毒，由于处理及时，他的损失降到了最小。而他所知道的另一户却因为这类疫病导致了绝产，损失惨重。亓东升成为当地蔬菜种植户中当之无愧的"意见领袖"，他与农户们的互惠关系一直维持到现在。

农户们建起了温室之后，在前几年是遇到了各种各样的技术问题，但是市场销售是没有问题的。1995年第一批建起温室的一位户主说，那年他种植的是黄瓜，其实作为第一次种植温室蔬菜的农户来说，不应该选择黄瓜，因为黄瓜对于温室里温度的控制要求较高，而且由于冬季地温低，黄瓜根系不发达，往往需要嫁接，这些技术要求也要高。那一年确实出了问题，连续近一个星期阴雨天气，没有太阳，后来太阳出来的时候他不知道要循序渐进地让黄瓜植株接受阳光，结果导致过强的阳光使温室内温度骤升，一个星期刚长出的嫩芽全都枯萎了。当时黄瓜的植株还不到一人高，每一株也就结了五六根黄瓜。但是即便因为技术不成熟导致了这么严重的减产，他那年的销售额还是挺不错的，因为黄瓜一斤 3.5 元，一斤黄瓜快赶上一斤肉的价格了。与粮食相比，更是优越性凸显，一个长 60 米，宽 10 米的温室，如果没有出现减产情况，可以产出 6000 斤以上单价 3.5 元的黄瓜。而同等面积的土地如果种植小麦，产出只有几百斤小麦，小麦一斤尚不足一元钱。第二年他调整了策略，开始种植对种植要求不太高的西红柿，后来就比较得心应手，没有出过太大的技术事故。

三、半强制性扩散

从何官庄村的实际情况来看，温室蔬菜种植新技术的扩散是通过政府推广实现的，但在推广过程中，出现了推广者和采纳方表述的不同，我们应对这种表述的差别展开讨论。

首先是推广者的工作，在这次新技术推广过程中的推广者是方下镇政府。我国在 1984 年之后对农村的社会管理体制是"乡政村治"。乡镇政府在国家政权体系中居于基础和末梢地位，这决定了党和国家在农村的各项发展目标、任务和计划，最终都要由乡镇政府加以贯彻、落实。发展莱芜市的"菜篮子"，是我国"菜篮子工程"发展计划在地方上的具体实施，本身就不是按照市场经济的规律来行事的，而是计划经济下的做法。

但是这里就出现了一个逻辑的问题，即农村社会要实行村民自治，镇政府"不能直接'经营'农民，在它和农民之间，还隔着一个具有'自治'合法性的社会。政府行为和农民对政府行为的反应，都必不可少地要通过村级组织的'折射'"。① 基层地方政府（镇政府）在操作起来的时候不能制定指令性计划，不能用行政命

---

① 孟繁炳. 市场经济和中国农业发展 [M]. 安徽：安徽大学出版社,1999:67.

令来强制农民种植蔬菜，镇政府给村集体制定的都是指导性计划，镇政府也不能确定最后能发展多少个温室，只是采取激励措施让农民尽可能多地建起温室。镇政府这种促进经济市场化发展过程中的计划行为，我们可以称之为"不完全的计划"。镇政府在开展工作的过程中，为了得到村干部更好的配合，在农业新技术推广过程中，对村干部采取了一定的激励措施。镇政府通过发奖金和扣工资罚款的激励措施，调动起了村干部对农户进行劝服的积极性。这样，镇政府制定的指导性的计划，很大一部分具体的工作是由村集体来完成的。

另外镇政府对新技术的推广步骤虽然仍是传统方式的推广步骤，但镇政府已经做不到"大包大揽"了。比如在示范工作方面，这个工作也是传统的农业新技术推广步骤中的一项，在本案例中是由镇政府组织实施的。所以前半部分的操作是政府主持的，按照计划经济体制下的程序操作，政府出资政府引进新品种，但是后半部的主体就变了。因为种植蔬菜新品种与种植粮食作物新品种毕竟不同，粮食可储存可自用，而蔬菜是一定要马上运到市场上去销售的，因此引进新品种的最大风险不一定是存在于生产阶段，而可能是销售阶段。这样镇政府就会不可避免地被直接卷入市场中去，如果镇政府要为新产品负责到底，那么镇政府就一定要亲自去寻找市场，但他们做不到这样，所以只能是把农民推进市场去寻找出路，而自己抽身离开，蔬菜的销售过程最后就变成农民与市场的直接交锋。因此，新技术的引进虽然是政府为主导，但是新技术优越性的最终实现依靠的却是市场。普通温室里的蔬菜如此，示范园里的仙人掌也是如此。

其次是采纳者的认同。尽管新技术的推广是政府的一种计划性行为，但政府的这种技术推广又是渴望对传统耕作方式进行改造的农民所需要的。信息来源渠道狭窄导致农民对各种农业新技术的了解非常缺乏。即便是农民手中有了一定的资金，也不知道投资何处。比如关于温室技术的了解，何官庄村的农户对温室新技术信息的最早知晓是来源于大众媒介，自从 20 世纪 80 年代初山东寿光使用温室进行蔬菜种植，报纸、广播、电视等媒介对温室的介绍和宣传相当多。但是 80 年代何官庄村只订阅两份地方报纸，"大众日报"和"莱芜日报"，电视节目当时是没有有线的，大家只能收看少数几个频道，广播要稍微多一点，但是大家的媒介素养比较低，像石茂常那样能经常收听新闻等节目的村民很少，所以只有少数农民听说了温室蔬菜种植这一新技术。很多人长久以来不知道温室种植蔬菜这一技术，直到方下镇其他村庄发展起了一批温室，很多人才第一次见到温室的真正模样。但是即便如此，有一些农户虽然进城的路上在嘶马河等村庄看到了温室，也没有认真想过，这个东西怎么用。没有人给他们解释，这是个什么东西，这个能不能挣钱。有个农民在访谈中说："我以前对温室是怎么一回事一点也不知道，冬天看见人家卖鲜菜，还以为是把夏天的菜保存下来的，不知道冬天土地里除了白菜萝卜还能长出其他菜来。直到我们村建了温室，我才直到原来如此。"所以，直到 1995 年镇上组织农民参观时，很多人才真正对温室的原理性知识有了一定了解。

在完善的农业技术市场中，技术商品从开发到流通和应用应当是顺畅的。发达国家的农业增长科技贡献率和农业科技成果转化率高达 70%—80%，而我国在 20 世纪 90 年代的时候是 35%—40%，而且真正有规模的转化率不到 20%。这说明我国的农业技术商品的供给与应用是脱节的。究其原因，与我国技术市场中介缺乏有关，若单个农户直接参与农业技术市场的交易，技术交易成本是非常高的。因此在经营规模的限制下，单个农户极少去购买农业新技术产品，尤其是无形的技术产品。因此在 90 年代的情况下，我国农业技术变化还是主要依靠政府的行政推动，而不是市场诱导。或者说，政府的农业技术推广在一定程度上补充了市场对技术信息和技术产品提供的缺失。

这一时期内的农业技术推广与 1992 年以前的农业技术推广又有了很大不同。由于农民可以在自己承包的土地上更自主的经营，政府在农业技术推广上的强制性又进一步弱化，我们可以称之为半强制性扩散。

半强制性扩散被分为两个层面。首先是强制性仍然存在。

体现之一就是村集体因对土地的所有权而对农户实行的干涉。比如有一户农民本来是不想建温室种蔬菜的，但是他承包的土地被村里划为温室用地，他为了保住自己承包的土地而被迫建起了温室。

体现之二在于，虽然农民对大众媒介的拥有有所增加，但信息来源仍是由政府控制。政府依然可以是大众传播媒介得到高效的利用，而且政府网络仍然是传播信息的重要渠道，通过会议、各种形式的宣传、村干部的说服，政府对农户进行了"议程设置"，使农户把注意力转移到政府想要推广的技术上来。

体现之三在于政府通过提供各种补贴和优惠政策等方式来发

展指定新技术，农民对新技术的采用需要政府和集体的扶持和服务，比如资金上需要贷款，技术上需要指导，土地上需要调整……通过对这些条件的控制，政府就能够使它所要推广的技术得到扩散。比如何官庄村李友荣的情况，他想养牛，但是政府不扶持这一项，他便不可能顺利得到贷款，也得不到其他的支持，而他改为修建温室，就能得到贷款、补助、技术指导等各项服务。政府通过服务的选择性提供来推广它想要发展的技术。

但是，同前一个时期相同，由于土地制度改革和农村社会自治体制的确立，政府对农民的管理又不能采用强制性的行政命令方式。基层政府为农民制定指导性计划，在新技术的推广上，强制性扩散已经不适应。只是因为市场没有提供给农民充分的技术信息和技术产品，才需要政府在这方面进行补充。因此这时候政府的农业技术推广活动实际是一种农村公共服务。政府推荐了新技术给农民，但是采用与否的最终决策权是在农民手中。

以上原因，形成了农业新技术扩散中的半强制性扩散。半强制性扩散的主要特点可以概括为：

1. 政府新技术推广在一定程度上带有政府行为的性质，但根本上属于农村公共服务的一部分，其推广计划对农民没有完全的强制性。

2. 政府首先对接收到的新技术信息进行筛选，有选择地向农民进行推广，在这个基础上农民有最终的决策权，进一步决定自己采纳与否，成为二级决策人。

3. 政府通过提供各种补贴和优惠政策等方式来发展指定新技术，在一定程度上影响着农民对新技术采用与否的决策过程。

可以说，政府对农业的信息和技术方面的公共服务提供比 20 世纪 80 年代有了更大的进步，但这一时期农村社会保障体系依然不健全。90 年代以后，我国城市社会保障进入制度变革阶段，新旧体制转接过程中暴露出种种问题，国家财政在支付制度转型成本方面投入巨大，几乎达到其能够支撑的"边界"。相反，在农村社会保障方面，却基本要依靠农民个人和家庭的力量来支撑。在这种情况下，农民养老、医疗的费用和孩子的教育支出是必须的甚至是定期的。何官庄村的蔬菜种植户平均年龄在 40 岁左右，孩子一般在读高中或者大学，教育方面的支出是非常重的。这一方面让一些农户一次性拿出七八千元建一个温室变得犹豫不决，但另一方面也促使这些家庭必须破釜沉舟做出转型，放弃粮食种植，转向利润更高一些的经济作物。

农民对风险的考虑是必然的，农业保险市场在此时几乎等同于无。其实，在 1982 年中国人民保险公司恢复国内业务两年之后，我国农业保险的试验也开始恢复。但是一方面由于农业生产的风险损失率较高，加之农户的分散，展业不便，成本很高，使得农业保险比起其他财产保险（例如家庭财产保险、企业财产保险）价格高出许多。经验表明，农作物保险的费率一般在 2%—15% 之间，比之家庭财产、企业财产的损失率（1% 左右）高出十几倍到几十倍。正式这种高风险性，使得农业保险业务赔付率很高，亏损严重，一般商业保险公司都"三思而后行"，不愿意积极开拓市场。而另一方面，农业保险面对的是收入较低的投保人。从事小规模种植业的农户，一般来讲大多缺乏为其农牧业生产项目投保的支付能力，要让他们自愿购买农业保险几乎是不可能的。这两个方面使我国的农业保险市场处于"半死不活的状态"。

面对既无保障也无保险的生活状况，人们对于全面进入市场必然惴惴不安，每个农民都深有体会："我们担挣不担赔啊！"因此即便明确知道种植粮食已经无利可图甚至亏本，很多农户仍保留了一部分土地来种植粮食，"至少自己手里有点粮食，没钱的时候也能饿不着"。

四、尚未成型的农业技术市场

技术市场时技术商品交换的总和，它包括从技术商品的开发到技术商品的应用和流通的全过程。农业技术市场是农业科研与农业生产的纽带和桥梁。其主要形式包括农业技术的承包、咨询、服务、转让、培训等市场交易活动。在温室使用新技术的引进和学习使用过程中，我们看到的技术供应方式政府、书籍和为了销售化肥农药而间接提供技术知识的商人。技术信息从拥有者到达农民的中介已经不仅仅只有政府。

为了研究技术市场的发展情况，我们又调查了两项新技术——二氧化碳气肥器和反光膜的扩散情况。根据厂家描述，这两项技术在温室内的正确使用可以提高蔬菜的产量和质量，增加温室内的二氧化碳浓度和光线强度，可以作为温室技术改良中应用的新技术来考察。这两项都是生产厂家的销售人员到农村来推广的，可以说是完全的市场行为。

1. 二氧化碳是蔬菜等农作物进行光合作用的原料，在温室栽培条件下，蔬菜对二氧化碳亏缺相对严重，因此利用二氧化碳气肥器进行人工增施二氧化碳成为温室蔬菜种植中可应用的一项新技术。1998年，二氧化碳气肥器的厂家销售人员带着宣传资料到何官庄村进行推销。当时大多数农户没有采用，认为价格太高，又不确定能否真正起到作用。一套设备需要三百多元，另外还要再投资购买浓硫酸等反应材料。而且初中以下文化的农民对于这项技术的工作原理是不理解的：虽然销售人员讲得口干舌燥，但是他们还是搞不明白如何进行化学反应，这个化学反应又怎么能帮助蔬菜生长。而且这套设备确实操作复杂，应用条件苛刻。农民觉得像在温室里搞化学实验一样，太复杂了，自然产生畏难心理，认为用不好还不如不用。

并不是所有种植户都拒绝了这个新技术，有一户是采纳了的，就是何建业。他是大专学历，是何官庄村搞温室蔬菜种植的农民中文化程度最高的，他属于比较有创新精神的第一批采用者，敢于接受新事物，他购买了二氧化碳气肥器，厂家人员给他安装了设备，留下了使用说明书，后来又送过两次宣传材料，但是没有进行过后续的技术使用指导。不幸的是，他当年种植的西红柿生了晚疫病全部烂掉了，半年的投资血本无归。种植失败的原因是多方面，当然也确实有二氧化碳气肥器操作不当的原因。这次失败让村里其他农户坚定了二氧化碳气肥器不可用的信念。第二年以后厂家没有再来做过宣传和推广。

关于二氧化碳气肥器的使用，在20世纪90年代末的时候，的确是一项不容易使用好的技术。在寿光等一些蔬菜种植地区，二氧化碳气肥器其实都遭遇到了这样的问题，让技术人员和菜农都陷入了困惑境地，菜农认为"十个用气肥，九个会受害"。二氧化碳气肥器从原理上讲，能提高蔬菜的光合速率，提高蔬菜产量。

但是使用方法却很难掌握。如果把盒盒罐罐放到地上，让硫酸和碳铵反应产生气体的话，因为二氧化碳比重大，所以靠近地面的二氧化碳无法达到蔬菜的叶面部位，反而向根部渗透，使根部受到伤害。即便是这一步操作没有问题，将二氧化碳输送到顶部各处，但万一二氧化碳生成过多，也会导致二氧化碳浓度过高就会影响光合作用的正常进行。实际上直到现在还有人认为二氧化碳气肥器是一个"美丽又科学的谎言"。这样一项在90年代还不并成熟的技术，厂家向刚刚建起的温室用户推广，所以失败几乎是从一开始就注定的。

2. 反光膜是一种双层镀铝膜，对入射光具有镜面反射效果。将反光膜悬挂到温室后墙上，其反光效果可以在一定距离内增加光照强度。这种新技术也是由销售商到村里来进行推销的。一间50米长的温室在北侧墙上拉一道反光膜只要三十多元钱，并且销售商还不是当时就收款，而是让农户试用，等蔬菜上市了以后再收钱。大部分温室农户当年就采用了，因为它毕竟价格便宜，大家认为即便没有什么效用也不会损失太大，并且原理易懂、操作简单。

第一次使用以后农户中有不同的反应，有人认为反光膜能带来一定的效果，也有部分农户认为看不到什么明显的效果，甚至认为完全没有用处。在大家的讨论中，有一个声音渐渐占了上风，就是何建科，他也是高中文化，家中有许多关于蔬菜种植的书籍，比较专业。他通过分析光和热的转化提出一个观点：反光膜能增加光照，对西红柿提早上市有一定好处，但是因为整体地温、减少了墙体蓄热等原因，可能会减少西红柿的产量。如果两相抵消，那么这个投资就是不必要的。何建科是最早建设温室的那批人之一，他的文化水平在种植温室蔬菜的农民中属于比较高的，因此一定程度上成为一个意见领袖。后来反光膜的厂家和销售商也没有再来村里做宣传和讲解，他这种观点也逐渐被越来越多农民认可，很多人在第一次安上的反光膜用坏之后就没有再去购买。

通过这两项新技术的扩散，我们可以看到，这些新技术产品的扩散确实是完全市场化的技术交易行为，是技术生产方与使用方的直接接触，技术市场已经开始运作。但同时也能看到，技术市场的发育是很不成熟的。在反光膜的扩散过程中，厂商作为技术的供应方，已经意识都要做一定的宣传发展用户，甚至通过试用、使用后再收费等一些方式来争取用户，但缺乏长久得与用户"双赢"的思维，缺乏对用户的后续服务，以至于导致扩散的中止。其实生产厂家知道产品出售后需要一定的售后服务，但是农村缺乏中介和协会组织，厂家要提供好的售后服务就需要一个一个与农户联系，这样人员的成本过高，技术提供商和农户之间也没有技术使用合同，当技术使用出现问题导致后果的时候，不利结果只能用户自己承担，这才导致了技术交易的一次性行为。

六、市场缺席的半强制性扩散

通过对何官庄村几个阶段情况的介绍和分析，我们可以看到不同时期里利益主体功能和行为都在发生变化：首先是政府，从主宰者逐渐向服务者转变；其次是集体，从政府命令的执行者变成有一定独立地位但在政府激励下仍努力将政府意志进行落实的经营实体；再次是农民，由纯粹集体的劳动力逐步变成了有相当经营自主权的市场主体。

这些变化都是源自体制的变迁。政治体制的改革使政府从完全的控制者转向宏观管理和服务者。农村社会的自治体制的确立使村集体的行政功能弱化，有了相对独立的地位。1978年开始实行的联产承包责任制将土地分给农民，使农民成为利益主体；粮食购销体制和农产品流通体制的变化使农民更自主地生产农产品；社会主义市场经济体制的初步建立使农民进一步成为市场主体。利益主体功能的变化导致了农业新技术扩散中，政府对农民的强制性越来越低。

1. 20世纪90年代农业新技术扩散中的操作力量

国务院发展研究中心研究员张文魁曾经指出，20世纪90年代中国的市场经济体制还是一种不完全的市场经济体制，是政府主导和过当干预（"官治"）的市场经济体制。

土地制度的变迁首先培育了农村市场经济的主体，就是形成了独立经营的农户、个体工商户、乡镇企业等等；价格体制的改革使农产品的价格由市场形成；流通体制的改革使农民可以从事商业，进入流通领域，农村城市集贸市场的恢复和扩大以及各种批发市场和专业市场的建立，一起创造了农村市场经济发展的环境，市场在一定程度上对农村的资源进行配置。但是，由于市场主体并没有完全的独立性，农村要素市场发育度尚低，农民对政府提供的服务有相当的依赖。这些因素综合作用形成了农业新技术的半强制性扩散。

在上面的案例中，新技术被农民的采纳是通过基层政府的指导性计划实现的。改革开放以后，随着经济向市场化的方向发展，农民其实早已被迫卷入市场之中。但是市场的发育还不完全和不成熟，同时政府为农民提供的社会保障等公共服务又不到位，各种自然灾害和市场剧烈波动所造成的客观风险大量存在，这些导致农民在市场中"担挣不担赔"，农户不得不在较少的风险和较多的利润之间进行谨慎的权衡，而权衡的结果往往是选择收入比较稳定，不敢轻易冒风险，以免让原本就很低的生活水平再因为意外和风险而降低到更困难的地步。因此很多农民知道种菜比种粮食收入高，但还是坚持种植一定面积的粮食，以自给自足的方式来回避市场。通过政府的各种动员手段，农民被更进一步地推入市场。

2. 技术市场有待发育

方下镇分管农业的副镇长向我提供了另一个新技术推广的案例，是发展桑蚕生产的情况。2000 年莱芜市农业委员会向各区农业委员会、经济贸易委员会、丝绸公司发了《关于大力支持桑蚕生产的通知》。通知里提出，莱芜市是山东省丝绸公司确定的全省蚕茧生产重点市地之一，蚕茧生产、加工技术全部配套，每年可自行消化蚕茧 200 万公斤，因此市政府下达了 2000 年全市发展 3 万亩桑园的任务。为了支持桑蚕生产，市政府提出实施保护措施，切实维护蚕农利益：对蚕茧销售和价格给予保护，一"保"十年。从 2000 年起，丝绸公司对市内生产的蚕茧要保证全部收购，有多少收多少；在收购价格上，以山东省物价局鲁价农发〔2000〕124 号文件规定的价格为最低保护价格，确保十年内不变。同时市政府要求下属部门搞好资金技术等的综合服务。丝绸公司要具体负责苗木定购、调运及栽培技术服务，特别是对新建桑园 300 亩以上的专业村，要配备一名专业技术员，切实搞好技术指导。根据这个通知，方下镇确定了 16 个指桑养蚕发展重点村。在发展模式上，要走高标准建园，规模化省力养蚕的路子，即 4+1 或 5+1 模式，也就是 4 亩或 5 亩桑园建一个温室大棚。在资金服务方面，镇党委、政府为采用 4+1 或 5+1 模式养蚕的农户协商解决 2000 元的银行贷款，并承担两年的贷款利息。每栽一亩桑，镇政府给予 60 元的桑苗补助，同时鼓励村干部（以书记为主）20 元。

采取的激励措施是很好的，2000 年方下镇就发展了 3000 亩桑园。但是，对于这个蚕茧收购十年保护价，是不容易做到的。因为农业不仅有市场风险，还有自然灾害风险。就在栽上桑树的当年，一场寒流把桑叶冻坏了。没有好桑叶，喂不出好蚕，也就出不了好蚕茧。加上配备技术员的措施没有得到落实，很多人初次养蚕，技术上没人指导，因此蚕茧质量不好，丝绸公司根本不收。养蚕的农户只好自己去找销路，以低价勉强销售出去，几乎都不保本。有农民就到镇上找领导，有的说他们的桑树冻坏了，蚕饿死了，也有说蚕茧卖不出去的，是镇上让种桑树养蚕的，如果他们种小麦，就不会有这种情况了。因此，镇上应该赔他们钱。镇领导说对这种情况只能表示同情，这属于自然灾害，镇上是不赔的。农户觉得受了愚弄，在第二三年里，相当一部分养蚕户相继砍掉了桑树。

在这个故事里，政府又实施了一次指导性计划，采用了半强制性扩散的方式。但不同的是，这一次在新技术生产出来的农产品销售中采用了"公司＋农户"的方式来包销。政府原打算是通过这种方式带领农户致富，但是自然和人为的原因使包销没有成功。"公司＋农户"是指加工、运销、外贸企业或公司与农户建立购销合同关系的模式。公司作为一个市场主体，其目的是在市场竞争中获得最大化的利益。企业家不是慈善家，当农户需要与公司利益一致时，公司行为可以考虑农户利益，但一旦与公司利益摩擦，公司不仅很难给予满足与支持，甚至可能反过来对农户施压、控制或风险转嫁。在这个事件里就出现了这种情况。当市场风险来临，丝绸公司不能获得超额利润或者社会平均利润的时候，就把风险转嫁给了农民。而公司的利益和农民的利益相冲突的时候，政府又站在了丝绸公司一边，使农民成为最大的输家。

这个例子再次说明，因为技术市场的缺失，政府作为补充提供技术信息服务，这是对农民的扶助。但是同时这种服务带有强制性，而且政府没有履行自己的承诺时，农民处于弱势地位。同时政府也不能提供有保障的产品销售渠道，为农民承担销售过程中的市场风险，造成了以上的后果。农业新技术的半强制性扩散过程中，技术市场是缺席的。

农业技术市场发育迟缓的原因有几条：

1.对于结合在农业生产资料上的有形技术成果，如种子、农药、化肥等，比较容易商品化进入市场；对于以信息形式被传播和使用的无形技术成果，如各种栽培、饲养技术等，难以商品化，只能通过不同的交易形式，如与有形技术组合配套、技术承包、技术入股、联产分成等方式进入市场。无形技术成果的这一特点决定了其交易的局限性，进入市场较有形的技术成功更为困难。

2.农业技术市场中的"买方"市场难于开拓。当时农业技术市场服务的主要对象是规模小、经营分散、购买力偏低的农户。技术供应商直接面向单个农户进行技术销售，成本高而效果低。另外，相对充裕的资金是农民采用新技术的前提和保证。但是农民收入有限，农村借贷体系不完备，致使农民使用新技术的资金严重不足。这些造成农业技术商品的有效需求不足。新技术往往是需要高投入才能高回报的，但在资金匮乏的农村，新技术只能游离于其外。

3.农业技术市场的中介组织体系缺乏。农民有与技术开发者或者提供者接触的机会，但是农民对技术产品交易规则知识的缺乏使这种直接接触难以达成协议。加之技术市场上还缺乏行之有效的激励与监督机制、技术的评估与咨询机制、风险投资与保障机制、信息反馈机制等，成功的可能性更是非常之小。何官庄村的一位农户在访谈中曾表示，他有一次去山东农业大学想购买优良的粮食种子，遇到了山农大一位教授，教授说自己正寻找合适的土地进行良种的实验工作，让他考虑考虑。他后来跟教授联系了几次，但终究因为互相不信任等各种问题而没有谈成，这件事就无果而终。

上述这个案例如果放在现在，就不存在这样的问题了，通常是农业类大学或者其合作的农业公司在一些乡镇直接实验基地或者示范基地，将科研人员与技术的使用方农民直接联系到一起。但在 20 世纪 90 年代末，因为缺乏各种中介组织，农户与外界农业技术就更多依赖基层政府这个组织，把引进新技术与否以及引进何种新技术的初步决定权交给了政府。这就是半强制性扩散的形成原因之一。

第五节　2004年至今

2005年是"十一五"的第一年，我国加大了有关"三农"的投入力度。"三农"这个词语是2005年10月党的十六届五中全会上被正式提出的，指农村、农业、农民这三大问题。其实它最早是在2000年提出的，当时是湖北省监利县棋盘乡前党委书记李昌平上书总理，报告中有一句话叫"农民真苦，农村真穷，农业真危险"。这句话后来被概括为"三农问题"，并在之后对农村、农业、农民更为重视。2004年，国务院开始实行减征或免征农业税的惠农政策。2006年1月1日起，中国更是全面废除了农业税，让9亿中国农民彻底告别了缴纳农业税的历史。

一、三农问题

三农问题之所以被提上日程，确实是因为进入21世纪之后，在历史形成的二元社会中，城市现代化进程加快，第二产业和第三产业不断发展，城市居民生活水平提高，而农村的进步、农业的发展、农民的小康相对滞后。原因是多方面的：

1. 传统农业向现代农业过渡阶段

细碎化的土地分配方式只能支撑小规模农户家庭的分散经营，不足以支撑大规模农产品加工发展。农产品加工业对种植业和养殖业的要求成片规划种植和大规模养殖基地养殖，但我国一直是小规模的家庭农户分散经营模式和兼业化的养殖方式，无法实现规模化。因此农产品加工企业只好从众多分散的农户手中收购农产品，收购费用导致了成本的上升。

2. 工业发展带来的环境污染等负面作用对农业影响

加速发展的工业化和城镇化建设，导致了能源资源的加速消耗，污染问题日益严重。有些地方政府为了 GDP 成绩，暗中降低环保门槛，放松环境监管与治理，加之当时矿产资源价格和能源价格以及工业用地成本都比较低廉，市场机制拉动了工业以污染为代价的畸形增长，工业和城市用水增多，与农业用水产生矛盾，尤其是导致了农业水资源的质量下降，进而影响农产品质量问题，加工出口和国内市场销售均受到影响。

3. 农业对外开放度提高，农业产业安全受到挑战

2001 年我国加入 WTO 时，对农业方面做出了较高的开放承诺，一是大幅度降低市场准入门槛，取消所有非关税措施，农产品的关税水平在 WTO 过渡期结束之后的农产品最终关税水平削减至世界平均水平的 1/4，远远低于发展中国家成员的水平；二是承诺不使用任何出口补贴措施。相对照的是美国、欧盟等发达国家成员自从 WTO 成立以来一直为农产品出口提供各种补贴。在这样的竞争压力之下，我国小规模农业面临着越来越直接的国际竞争，国外低价农产品大量进口对我国农业生产和价格稳定造成很大影响。

4. 农业劳动力文化教育程度难以适应现代农业需求

农业比较利益的低下使农业劳动力主体的文化教育程度没有多少提高，高文化水平的劳动者基本留在城市，农村务农人口不增反降。2008 年对全国农村居民家庭劳动力的一项调查显示，农业劳动力中，初中文化程度者占 52.8%，小学以下 31.4%，其中

有 6.1% 是文盲和半文盲。文化水平的低下，阻碍了他们接受新事物和学习新技术的能力，也进而阻碍了新技术成果的推广和运用。2009 年，青岛农业大学的几位研究者对山东省青岛市 11 个镇、30 个村进行的问卷调查数据进一步证明了这一点："目前青岛市从事农业生产的劳动者基本处在中老年水平，年龄在 31—45 岁的占 40%，46—60 岁的占 41%，60 岁以上的占 15%。在文化程度方面，初中及以下群体占 82.9%，高中文化程度群体占 13.8%。文化程度高的青年农民大都在外打工。"[①] 在这样的基础上，农业科技推广难度无疑是比较大的，根据"十一五"期间的数据，农业科技成果转化率只有 40% 左右，远低于发达国家 80% 以上的水平。

2015 年中国中央农村工作会议上提出，要着力加强农业供给侧结构性改革，提高农业供给体系质量和效率，使农产品供给数量充足、品种和质量契合消费者需要，真正形成结构合理、保障有力的农产品有效供给。"农业供给侧结构性改革"这一表述，通过""三农"会议进入全国人民的视野。

二、农业社会化服务体系发展

我国农业社会化服务体系建设问题由来已久，1983 年中央一号文件首次提出"社会化服务"概念。1984 年《中共中央关于1984 年农村工作》的通知中指出，要调动全社会的力量建立商品生产服务体系，促进农村商品化服务的发展，将完善社会服务作为深化农村改革和促进农业生产发展的重要战略措施。1990 年中

---

① 傅建祥，罗慧，王军强．农业技术推广供需状况调查分析——以山东省青岛市为例 [J]．中国农业大学学报（社会科学版），2011，23(2):21.

共中央、国务院在《关于一九九一年农业和农村工作的通知》中首次提出"农业社会化服务体系"概念。1991 年，国务院出台《关于加强农业社会化服务体系建设的通知》，提出要建立"以乡村集体或合作经济组织为基础，以专业经济技术部门为依托，以农民自办服务为补充"的农业社会化服务体系。

2004 年，农业部制定了 2004 年—2010 年的《农业社会化服务与管理体系建设规划》，构建和完善了我国农业社会化服务与管理体系的蓝图，明确了我国农业社会化服务与管理体系建设的指导思想、建设目标和基本思路，提出了改革基层农技推广体系、体系建设投入机制等具体的保障措施。从 2004 年开始，连续出台十个"一号文件"对"健全农业社会化服务体系"提出要求。2018 年，中央"一号文件"着重提出，健全农业社会化服务体系，实现小农户与现代农业发展有机衔接。2019 年印发的《关于促进小农户和现代农业发展有机衔接的意见》中，政策部门强调要为小农户提供技术培训，实施科技服务小农户行动。这说明党中央国务院非常重视农业社会化服务体系建设工作，全国不断健全农业推广机构队伍，努力推进新农村发展研究院的建设，建立科技特派员制度，努力培育新型职业农民，通过农业专业合作社、供销合作社等组织构建综合型、专业型农业社会化服务组织，以期推动农业转型升级，加快实现农业规模化经营，提升农业生产效率。

农业社会化服务包括生产、金融、信息、销售四大类服务。在这四类中，农业生产服务又可以分为产前、产中、产后三个阶段。产前，包括农业生产资料购买服务、良种引进和推广服务；产中，包括集中育苗育秧服务、机播机种机收等机械化服务、肥料统配统施服务、灌溉排水服务、疫病防疫和统治服务；产后，包括农产品加工服务、农产品运输及储藏服务、产品质量检测检验服务。

虽然经过了近二十年的创新发展，但是目前农业生产社会化服务的普及度仍旧比较低，处于较低发展水平。2018年度新型农业经营主体调查数据显示，绝大多数的普通农户不了解农业生产的各类社会化服务内容，农户对各类具体服务的了解比例仅在2.74%到9.73%之间，家庭农场和专业大户了解程度相对较高，比例在12.55%到45.87%之间。

之所以出现这种情况，原因是多方面的，近年来的研究也很多。从新技术推广角度来看，研究者们认为，目前我国基层农技推广体系难以发挥其公益性技术推广职能。农技推广部门一直存在投入总量不足、农业技术推广员收入水平整体偏低、推广活动行政化、激励机制确实等各种问题。

三、政府新技术推广相对缓慢

政府近年来在农村最显著的成就是"五化"等惠民工程。农村"五化"指的是村庄环境综合整治工程：硬化、亮化、绿化、净化、美化，政府还在农村搞了很多惠民工程，农户家中多了很多新事物：安装了自来水，做饭用上了天然气，冬天有了暖气，厕所里有了马桶，垃圾扔到垃圾桶有人统一处理……但是在很多村庄里，农业新技术推广上总体却是相对乏善可陈，毕竟十几年来，小麦、玉米等一般农产品的价格没有什么突破，农业的比较利益太过低下，没有财富效应的行业很难留住人才，要成长为家庭生存支柱的年轻人就只能通过各种办法走向其他产业。没有年轻人的村庄失去了活力，严重缺少开拓精神。

（一）政府农业技术推广的情况

2005 年和 2006 年，国务院先后发布了《中共中央国务院关于进一步加强农村工作提高农业综合生产能力若干政策的意见》（中发〔2005〕1 号）和《中共中央国务院关于推进社会主义新农村建设的若干意见》（中发〔2006〕1 号），这两个文件对深化改革，加强基层农业技术推广体系建设提出的意见中指出：基层农业技术推广机构承担的公益性职能主要是：关键技术的引进、试验、示范，农作物和林木病虫害、动物疫病及农业灾害的监测、预报、防治和处置，农产品生产过程中的质量安全检测、监测和强制性检验，农业资源、森林资源、农业生态环境和农业投入品使用监测，水资源管理和防汛抗旱技术服务，农业公共信息和培训教育服务等。并据此提出了合理设置机构的意见：按照科学合理、集中力量的原则，对县级农业技术推广机构实行综合设置。各地可以根据县域农业特色、森林资源、水系、水利设施分布和政府财力情况，因地制宜设置公益性农业技术推广机构。可以选择在乡镇范围内进行整合的基础上综合设置、由县级向乡镇派出或跨乡镇设置区域站等设置方式，也可以由县级农业技术推广机构向乡镇派出农业技术人员。

根据意见精神，农村经营管理系统不再列入基层农业技术推广体系，农村土地承包管理、农民负担监督管理、农村集体资产财务管理等行政管理职能列入政府职责，确保履行好职能。培育多元化服务组织。积极支持农业科研单位、教育机构、涉农企业、农业产业化经营组织、农民合作经济组织、农民用水合作组织、中介组织等参与农业技术推广服务。推广形式要多样化，积极探索科技大集、科技示范场、技物结合的连锁经营、多种形式的技术承包等推广形式。

在这两个文件之后，各地陆续撤销了乡镇的农技站，成立农业综合服务中心之类的农业服务组织。但是调研显示，在新中国成立后就存在的农技推广体系目前的状况可以用"不够健全"一词来总结。具体而言，就是虽然近几年有基层农技推广补助项目，县级农技推广体系较为健全，但乡镇一级推广体系仍不够完善。

济南市莱芜区的农技推广工作，由济南市莱芜区农业农村局负责。农业农村局的直属单位包括农业农村发展服务中心和农业技术推广服务中心等，其任务包括承担农业新品种、新技术的引进、试验、示范、推广工作；为农民提供技术、信息服务，指导农业技术推广工作，还包括组织实施农业人员学历培训规划、计划，承担农业专业技术人员的继续教育、农民科学技术教育培训以及农业实用技术培训任务。

"菜篮子工程"的发展，按照中国人民大学农业与农村发展学院孔祥智教授的总结来说，1995 年到 1999 年是形成区域供应链的第二阶段，1999 年到 2009 年是提高农产品安全性我第三阶段，农业部在全国实施无公害农产品行动计划，第四个阶段就是从 2010 年初中央 1 号文件开始，中央 1 号文件着重提出体制与机制建设问题：体制就是管理；机制就是公司加农户或是合作社加农户。

在这一思路的引领下，莱芜区也着力莱芜区着力加强"菜篮子"生产基地的建设，充分发挥市场机制作用，改善流通条件，注重生产要素集成和资源整合，重点规划建设一批高起点、高标准的新基地，稳定提高产量，确保质量。

莱芜区正致力于改造提升传统农业，大力发展现代农业，组建产业联合体6个，打造市级蔬菜标准园8个、菜篮子保供基地4个、渔业标准园9个。新培育省级农业龙头企业5家、市级3家，认定"三品一标"77个。2019年以来，莱芜区农业农村局承担了基层农技推广体系改革与建设补助项目，遴选了36名技术指导员，聘请了7名特邀农技员，建立了8个农业科技示范基地，培育了58个农业科技示范主体，发布推广落实了8项农业主推技术，比如农业农村局会不定期举行基层农技推广项目培训，组织莱芜区农技推广专业技术人员、新型经营主体、种植大户及特邀农技员到莱芜区农业科技示范基地观摩学习。莱芜区的蔬菜种植慢慢呈现出集约化状态来，龙头企业带动效应明显，农业农村局专门成立的乡村振兴服务队也对这些重点蔬菜生产基地给予更多的技术支持和服务倾斜。

在这个逐渐的发展中，各个乡镇又给予重点村庄进行引导和扶持。比如莱芜区牛泉镇，也素来有蔬菜种植的传统，全镇蔬菜种植面积六万多亩。乡村振兴服务队莱芜区三队入驻牛泉镇，帮助西牛泉、鹿毛埠、亓毛埠、马小庄、吕小庄5个服务村依托当地农业龙头企业，规划实施"一村一品"特色种植。服务三队专门邀请市农业农村局"菜篮子"工程管理处、市第二农科院的专家到牛泉，先后到华兴鸡腿葱种植专业合作社、旺源蔬菜种植专业合作社、农得利科技有限公司育苗基地、金牛薯业专业合作社等企业，帮助指导"菜园子"的标准化种植，进一步提升蔬菜种植的质量安全。方下镇也在蔬菜种植产业上下功夫：在原有的基础之上扩大大棚的种植形成规模；并在有条件的村推广大棚种植项目、积极争取帮扶资金，投资 210 万元支持大辛庄、卢家庄发展大棚蔬菜种植产业；积极引进专业团队进行种植技术指导，引进优质产品增加种植种类，新上火龙果、猕猴桃采摘温室已初具规模；聚焦培育农业龙头，先后联系济南园冶园艺、东方园林、山东鲁商、中科院江西中创科技发展研究院等 10 余家企业到方下考察投资。

何官庄村在发展过程中，由于没有龙头企业依傍，村里年轻人纷纷外出打工，常住人口越来越少，因此蔬菜种植的优势随着温室主人的逐渐老去而消失，留在村里的老人近几年看到的农业新技术基本就是农业器械的更新换代，比如无人机为农产品喷洒农药。

到底农村技术推广的实际情况如何，还需要进一步了解。作者在 2022 年底与山东省临沂市莒南县乡村振兴局的工作人员进行了访谈，了解目前该县有关农业新技术推广的有关资料和统计数据。这个数据能更好地反映出目前政府技术推广的情况。

1. 农技推广人员的配置情况

目前，具有 84.1 万常住人口的莒南县公益性农业技术推广人员共定编 305 人，其中县级农技推广机构 176 人，镇（街）农业技术推广站 129 人。县级农技推广机构设置方面，经过新一轮机构改革，莒南县农业农村局成立新的县级农技推广机构——莒南县农业技术推广中心，加挂山东省农业广播电视学校莒南县分校牌子，负责全县新品种及新技术引进、试验、示范、推广等工作。中心核定事业编制 82 名，其中管理人员编制 9 名、专业技术人员编制 70 名，工勤技能人员编制 3 名。设主任 1 名，副主任 3 名。根据部门职责，莒南县农业技术推广中心内设综合股、数字农业股、果茶技术推广站、渔业技术推广站、农业技术推广站、经济作物技术推广站、土壤肥料技术推广站、种子技术推广站（加良种繁育中心职能）、植物保护站（加果树保护站职能）、农业技术培训科和花生技术推广站 11 个职能站室。镇（街）级农技推广机构主要是改革后的农业综合服务中心，均有专岗、专人履行农技推广职能。16 个镇（街）农业综合服务中心实行以镇（街）政府为主，人、财、物三权归属镇（街）管理，业务上接受县农业农村局指导的管理体制。

所以，我们可以看到，莒南县乡镇农技站已撤销，成立了农业技术推广中心和农业综合服务中心，名义上都是负责农业新技术的推广工作。但是实际上乡镇的农技人员编制上隶属于乡镇党委政府，主要工作由当地镇政府安排，精力和时间大部分投入到其他工作，忽视了农技推广工作。部分乡镇农技推广专业技术人员严重不足，且因对专业技术不懂影响了农技推广工作，有的乡镇只有 1 人从事农技推广工作，其他人员都抽调到其他站所工作，专业技术力量相当薄弱。

村级农技推广网络更是参差不齐，从事小麦、玉米、花生等传统产业种植的乡镇，因种植业收入低，青壮年农民大多外出打工，想找有文化的农技推广员较为困难，日常的科技宣传、培训很难开展。另一方面，农技推广人员培训机会较少，培训模式单一，效率较低下。近年来，为适应现代农业发展需求，夯实人才基础，提升服务水平，围绕莒南县主导产业和特色产业发展需要和产业升级需求，以农技推补助项目为依托，县里每年分级分类分批组织开展基层农技人员参加技术培训，以图提升基层农技人员业务能力。但从培训机制和效果来看，培训模式单一，效率较低下，远远没有得到预期目的。一是参训人员素质参差不齐，部分人员以玩代训，走马观花；二是培训机构未确立现代培训理念，沿用过去的老经验、老模式，忽视质量，效果不佳。三是培训内容不能满足基层农技人员的实际需求，理论较多，缺乏针对性，没有考虑基层农技人员在工作过程中的实际需求。

2. 农业新技术推广的工作情况

莒南县农业新技术推广的努力从未停止。莒南县是"中国花生之乡"，常年种植花生 40 万亩以上。近年来在农业新技术推广方面的成就，一是以原有的种植农作物为基础，在种植技术改进上下功夫。自 2012 年莒南县承担了全国农技中心"施乐健 TM 花生健康作用试验"及地福来生物肥、派诺克产品、巴斯夫产品、碧护、拜尔产品、可控性全生物降解膜和国家花生登记品种展示等试验示范任务 10 余项，积极探索花生绿色防控技术。2017 年 9 月，与山东省农科院、中国农科院签订科技创新工程战略合作协议，首批启动"区域农业绿色发展关键技术与集成示范"和"花生节本增效绿色生产技术研发与集成示范"任务，在全县 16 个镇街设立 12 个监测点、5 处基层系统测报点、2 个植物疫情阻截带监测点、10 个田间智能化监测网点，完善软、硬件建设，全程记录病虫害防控措施，建立数据库，实现了病虫监测预警的自动化、智能化；设立花生绿色生产技术示范基地，广泛采用生态调控、物理防治、理化诱控、合理化控等简便易行、绿色环保、生态安全的花生病虫害绿色防控技术，开展技术攻关，加快单项技术创新和综合技术集成创新，构建山东省花生绿色生产模式。

花生种植管理规范方面，曾先后三次制定、修订《莒南县花生标准化生产技术操作规程》《花生标准化安全生产技术规程地方标准》等10个花生标准化生产技术操作规程和5个花生系列产品加工标准。2014年，莒南县实施的"花生单粒精播高产攻关实验"，亩产达到752.6公斤，刷新了保持31年的花生单产全国高产纪录。截至2019年，莒南县创建了80个花生绿色防控试验示范基地，绿色防控覆盖面积25万余亩，总体绿色防控覆盖率达到62.5%，农户接受绿色防控培训比例达到100%，培育绿色、优质、特色花生产品品牌15个，化学农药用量减少42.6%。

二是在农作物加工技术上，鼓励龙头企业加强与专业合作社、家庭农场、种植大户的纽带联系，探索"龙头企业＋合作社＋农户"经营模式，广泛采用成熟绿色防控技术，建立原料基地和加工基地，推进产业集群，完善产业链条，强化辐射带动能力。重点择优扶持一批综合实力强、创新能力强的优势企业，集中资金、土地、技术等生产要素，在基地建设、品牌创建、市场拓展、技术创新等方面给予扶持，提升企业整体经营水平和辐射带动能力，促进优质优价机制建立。

在农作物新品种的发展上，农场作为主体凸显了其作用。2016年4月，莒南县大店镇德程农场以生态资源优良、农业技术力量雄厚、高产攻关经验丰富的优势，得到中国工程院院士、"杂交水稻之父"袁隆平认可，被确定为湖南国家杂交水稻工程技术研究中心"超优千号"杂交稻高产攻关基地，承担杂交水稻北方中高纬度地区高产攻关任务。

项目承担以后，攻关组不断加强同湖南国家杂交水稻工程技术研究中心沟通和联系，先后两次组织考察组赴湖南省农科院考察学习超级稻种植技术，并根据技术指导标准，结合莒南县中高纬度地区光、热等自然资源和基地生产条件，合理布局，科学规划技术方案，精心组织实施。2016—2017 年，分别取得平均亩产 1013.8 公斤、1027.2 公斤的好成绩。2019 年，更是以平均亩产 1147.1 公斤的成绩，创超高产杂交水稻高产攻关示范普通生态区新高。

在这项合作的基础上，莒南县实现了引进高产品种的试验。莒南是传统农业大县，总面积 1388 平方公里，土壤肥沃，水利基础设施完善，交通便利，发展高效农业、开展农业项目攻关有着基础优势。通过和湖南国家杂交水稻工程技术研究中心的合作，先后引进"超优千号""叁优一号"等高产杂交水稻品种进行试种，根据品种在当地的生长表现和性状，优选出适合县域气候，抗病性强、产量高的品种进行大面积示范种植推广。

3. 农业新技术推广的下一步规划

对于以后的农业新技术推广，莒南县准备聚焦"稳定油料供应、保障粮食生产"目标，贯彻落实"藏粮于地，藏粮于技"战略，依托国家项目深入开展大豆玉米带状复合种植、花生大豆带状复合种植技术模式和耕地治理保护提升、化肥减量增效技术模式探索。还要鼓励支持农业企业、家庭农场、种植大户和农民专业合作社等新型经营主体集中连片开展大豆玉米带状复合种植，打造一批高产攻关田，辐射带动周边农户，扩大种植影响力和带动力。

当然具体推广效果如何，我们还要拭目以待。莒南县乡村发展局的工作人员介绍，从近几年农业新品种、新技术推广应用情况看，由于大部分青壮年都外出务工，农村 60 岁以上的老人成为农村劳动力主力军，这部分老人平均受教育水平低，接受新品种、新技术能力低，购买农资认知能力差，经常出现喷错药、品种种植不当等现象。部分农民受小农意识影响，习惯于旧的生产方式，对发展"绿色农业""特色农业"和"生态农业"的概念更是模糊。随着国家政策的调整，作为农业发展带头人的新型经营主体，他们有文化、懂技术、会经营，对新品种、新技术等现代农业发展模式接受速度较快，同时他们生产技术和装备较为先进，规模优势和辐射效应强，盈利能力较好，融资渠道多元化，市场导向性较高。下一步，应加快新型经营主体培育，在资金、技术等多方面给予支持。

二百公里之外的济南市莱芜区，也面临着相似的状况。对于 2004 年之后的何官庄村，最典型的特征正是常住人口不断减少，尤其是年轻人越来越少。年轻人通过考学、外出打工等途径逐渐走了出去，现在户口登记 1230 口人的村庄，现在常住在村里的已经不足 500 人，以中老年为主。只有在春节前后才能看到外地返乡的年轻人回老家过春节，春节过后村里又恢复一如既往的冷清。农村人口净流出导致的"空心化"问题，本身就是我国工业化发展和逐渐成长为世界制造业强国必然出现的现象，同时因为农产品长期价格低迷，从事农业获得收益实在有限，因此农民走出农村进入城市也是不得已。

（二）农民层面对新技术扩散的感受

笔者基本每年都有几次到乡村调查走访，对农户和村里的干部进行了持续的关注和访谈。对于一些采纳了农业新技术的农户而言，普遍认为新技术的学习是自己努力的结果，没有感受到政府的多少扶持。

以临沂市莒南县相沟镇王家石河村一户为例，户主叫袁春发，是一位"70 后"，他初中毕业后开始谋生活，1995 年开始在本村文华养猪场打工学习，这处养猪场的主人文华是职业高中毕业，在学校学习的是养殖专业，毕业后在金锣企业里工作以后，认识到生猪养殖行业的前景，才建起了养猪场。

如今的金锣集团是全国闻名的中国品牌，属于"中国最具价值品牌"，连续多年都进入全国民营五百强的名单。这个从 1986 年开始兴建的企业在 1993 年迈进里明晰产权关系的第一步，启动大规模技术改造，向肉类食品深加工领域进军之后，迅速适应市场建立起现代企业制度，迅速崛起。金锣集团是省政府命名的农业产业化龙头企业，其价值不仅仅自身的经济价值，还体现在对农业和农村市场的牵引力上，"龙头＋基地＋农户"的产业化格局带动了临沂市多个县区的生猪养殖产业发展，比如 2018 年在莒南县壮岗镇就建成投产了占地 650 亩地母猪规模 1.56 万头的养殖场，年出栏仔猪达到 9 万头。除了这样的基地，莒南县的农户从 90 年代开始就不断有人从事生猪养殖，使得莒南县成为全国养猪百强县，年出栏生猪达到 240 万头左右，连续十多年被列为"全国生猪调出大县"。因此，袁春发最初接触到生猪养殖行业，与莒南县这个生猪养殖业整体的发展是有关的。

　　袁春发在 1998 年也正式进入生猪养殖这个行业，当时村里是支持大家搞生猪养殖的，为此村里给调了土地，建起了养猪场，而且连续两年每头猪给予了 120 元的补贴，但是没有人给予技术指导。后续对于生猪养殖方面的技术，就完全是个人摸索学习的，自己买书，继续向其他养殖户学习。2008 年购买了电脑，安装了网线，跟本村的一位在大连海事大学上学名叫王峰的大学生学会了上网，虽然当时网速很慢，但他还是学会了百度搜索，在网上学习更多有关生猪疾病预防的知识，并学会了自己给猪仔打预防针。他在王家石河村是比较早购买电脑的，当时全村也就四五户人家有电脑。

　　养猪场扩张的过程中，都是自己去申请贷款，同村人帮着做担保，其中没有政府的扶助。他继续保持着虚心学习的态度，辉瑞兽药公司、浙江大飞龙动物保健品有限公司等这些生产和销售兽药水针剂、药物预混剂、饲料添加剂和高档预混料为主的一些企业会派技术员来讲课，他总是认真听讲。逐渐地，他的养殖技术水平越来越高，既有理论又有实践，开始与一些饲料销售商合作，有时候作为专家代表厂家出去讲课，在饲料的销售中可以拿到提成。

　　可惜袁春发的养殖事业在 2016 年前后被迫结束了。因为随着整个莒南县畜牧业的发展，畜禽养殖污染问题日益突出。相沟镇是个生猪繁殖、养殖、营销大镇，这个地处莒南县西南部，行政面积 107.67 平方公里人口四万多人的乡镇，比较大的生猪养殖场就有盛隆牧业有限公司、安顺养猪专业合作社、国峰养猪场、刘俊庆养猪场、文华养猪场、丰慧生猪养殖专业合作社等，粗放经营、直排直放的散户小户更是众多。袁春发的养猪场还属于散户，但是最多的时候母猪存栏量已经有二十多头，母猪加小猪保持二百头左右的数量，正打算继续扩张。

而这个时间段的大背景是，我国自 2015 年建立实行中央生态环境保护督察制度。在第一轮中央环保督察期间，莒南县接到的养殖污染信访件中反映最多的是"污水横流"。居民们的生活确实也被环境的污染所影响，发黑发臭的河水、夏天高密度的苍蝇、空气中难闻的气味，都证明确实已经到了必须治理的时候了。于是全县开始治理畜禽养殖污染，要遏制了污染发展势头。这期间遇到了治理难题，许多养殖场对养殖污水如何处理束手无策。

"十二五"期间莒南县就逐步加大水污染治理工作力度，全县各级各有关部门都在努力，希望扭转了"十年欠账"和"全市倒数"的被动落后局面。采取了很多措施，比如投资 2.4 亿元建成占地 3000 亩的白马河环保生态园，建设集"治、用、保、管、教"五位一体的流域治污综合体。投资 1000 万元规划建设了全市第一家环保科普展览馆，通过各种科技手段集中展示环保理念及污染治理成果。投资 1500 万元建设智慧环保综合管理平台暨环境监控应急指挥中心，对全县 30 家重点企业排污过程实时动态监管电子监控和现场督查相结合，其中国控企业 3 家、省控企业 3 家。莒南县年出栏 500 头以上的猪场约 400 家，这些规模猪场，尤其是市级以上标准化养猪场，利用国家扶持政策，加大粪污处理配套设施建设，基本上解决了污染问题。但是有约 6000 户年出栏 50—500 头的养猪专业散户，这些专业户分布在村居周边，粪污处理配套设施投入少，环保意识差，是当前畜禽养殖污染治理的重点。

莒南县因此加强了对面源污染的治理，沿河划定了禁养区、限养区和一般养殖区，在禁养区拆迁搬迁养殖户 1624 户，清栏停养 494 户；在限养区清栏 444 户，新建、改建沼气池、沉淀池和储粪池 1615 户；在一般养殖区新建、改建沼气池、沉淀池 751 户。建成畜禽养殖污染防治示范工程，带动全县的大型养猪场建设环保设施，实现养殖废水达标排放和零排放。还实行"河长"制，将全县的支流、沟渠责任落实到每一位脱产干部，对全县因养殖废水、粪便淤积污染的支流、沟渠进行了堵截回抽并清淤……经过综合整治，全县重点河流的水质确实有明显改善，河流恢复了清澈，孩子们可以到小河里去游泳捉鱼了。

相沟镇在污染治理上的步子也很快，一方面投资 1.5 亿元引进九牧新能源项目，采用荷兰养殖技术，解决了大型养猪场生猪养殖污水的排放和农业秸秆处理的问题。另一方面对于散户进行了力度很大的清理。当然，在具体的操作过程中，确实有部分"一律关停"等粗暴拆除的问题，引起了农民的不小意见。

袁春发的养猪场作为沿河养殖户恰好处于清栏停养的范围内，他本来留下了 26 头母猪，希望能躲过检查继续养殖，无奈检查组天天来查，根本藏不住，最后猪圈被砸，所有的猪都被迫卖掉了。接下来连续几年猪价居高不下的时候，他家没有一头猪。没能赶上这波行情，这让他非常痛心。相比于袁春发的遭遇，另一个大户文华养猪场离开了相沟镇，前往青岛市继续自己的养猪事业；另一户养殖户袁春强比他的规模要大，最多时有一百四十多头母猪，其实也属于沿河养殖户，但是通过增加建设沼气池等方式勉强躲过了清栏停养。

2019 年，由于非洲猪瘟以及清栏停养治理污染等问题，生猪出现了生产下滑的势头，为此，莒南县政府办公室印发了《莒南县稳定生猪生产保障市场供应工作实施方案》，开始通过实施方式充分挖掘生猪生产潜能，坚决保障市场供应。一是良种补贴的方式，对养猪户引进良种猪每头给予 1000 元补贴；二是推动生猪产业向生态环保方向发展，对新建并通过市级标准化验收的生态环保养猪场予以奖励。依据公布文件，对新建生态环保养猪场采取"以奖代补"的方式进行奖励，每栋新建生态环保猪舍（猪舍面积 800 平方米以上）奖励 20 万元；三，提高能繁母猪和育肥猪保险保额，将能繁母猪保额从 1000 元增加至 1200 元，育肥猪保额从 500 元增加至 800 元，进一步增强生猪养殖风险抵御能力。莒南县的这份文件并没有通过官方渠道到达王石河村民的手中，所以也并没有人拿到补贴。但因为几年来猪价居高不下，袁春发又重拾养猪技术，改进了粪水排放的方式，再次成为养猪专业户。

此时他的生猪养殖技术已经非常好了，当他猪圈里的猪出现了疑似非洲猪瘟的病症时，他不像一般的散户去寻找兽医或者到兽药处咨询，而是自己对病猪进行采血，通过顺丰快递将血样寄到青岛中科基因生物技术有限公司找到专业的检测机构进行检测，对方发回检测报告和治疗意见，他说"这才是科学的处理方法，一份报告只要八十元，但是我可以根据这个报告里的数据来判断病猪的伤亡率，并决定如何进行处理。"

从这个案例中我们可以看到，在政府治理污染的背景下，养殖业污水处理技术最终受益的是大型养猪场，政府技术推广政策越来越向集约化方向发展，规模越大的农村企业和养殖机构，能从政府手里得到的资源往往就越多。

农村"空心化"问题是影响农村新技术扩散的重要因素，这在很多村庄都有明显体现。2022年我们走访山东青岛胶州市的两个村庄，付家村和杨家村，是相邻的村庄，都临近沈海高速、胶州立交桥，处于城市外围，离城区有一定距离。商业、工业不发达，发展速度缓慢，近二十年二、三产业发展变化不大，当地以种植业为主，盛产苹果、桃子，在胶州当地市场小有名声。村中有少量发展第二产业、牧业，对产品进行粗略对加工，但未形成大趋势。有轻工业加工厂落户发展，为当地提供了就业岗位，但村中青壮年较少，多为老人，村中有房屋荒废。临近沈海高速并未给两处小村落在近二十年带来发展的机遇，或未有人着手利用两处的便利的交通条件。本地农民对苹果进行套袋处理，收获后在没有供暖的屋子进行保存。沿袭着传统的种植方法，并未出现大型机器、人工智能、无人机等先进农业技术。究其原因，很多人认为，喜欢探索新事物、能接触到更多新事物、新技术的有足够资金、经验的青壮年都外出进城了，留在村里的多是空巢老人、与社会脱节的老人，他们不接触或者很少接触智能手机与媒体平台，新的技术信息获取很少。随着时代发展，村中已有人通过直播扩大知名度，宣传优惠价格等，但这些属于村民自发行为，并无政府、村委会引导。

四、政府扶持与农村企业发展带动的创新扩散

在行政区划上，原来的莱芜市从2019年1月开始变成了济南市莱芜区。无论是2019年以前的莱芜市还是2019年之后的莱芜

区，在加快现代农业发展方面，从未停止过努力。近二十年来，在农业方面，莱芜一直以基地为基础，以资源为优势，大力培植发展以"三辣一麻"（生姜、大蒜、鸡腿葱、花椒）为主的蔬菜种植业、"三黑一花"（黑猪、黑鸡、黑山羊、长毛兔）的畜牧业，坚持市场导向，加快发展龙头企业和各种中介组织，走产供销一条龙的路子，推进农业向集约化发展。

从统计数据上看，在 2010 年，莱芜市的农业龙头企业数量就已经很多，销售额 500 万以上的农业龙头企业有 126 家，比 2005年的时候几乎翻了一番，农产品加工能力达到 60 万吨，贮藏能力达 150 多万吨。这些龙头企业一方面拓宽农民就业渠道，增加农民收入，另一方面推动了农业标准化生产的步伐。莱芜市在 2010年就有 60 家企业通过 HACCP 认证，165 家企业通过了 ISO9000认证，186 家企业通过了 ISO14000 认证，8 家企业通过了欧盟GAP 或中国 GAP 认证，先后认证无公害产品 44 个、绿色食品 11个、有机食品 15 个，编制了《生姜生产技术规程》《大蒜生产技术规程》等 30 项技术规程，并以地方标准颁布，让主要农产品都实现了"有标可依，按标生产"。不少农业龙头企业已经创出自己的品牌，成为国内外市场上的佼佼者。龙头企业对农产品进行加工后出售，全市有 76 家农产品企业与 106 个国家和地区做买卖。这些企业通过"产业＋农户""合作社＋农户"等方式，带动农户的种植。龙头企业成为连接农民与市场的桥梁，为农民解决了销售问题，这一点是非常重要的。

莱芜市政府对农业产业的扶持一直是根据不同阶段发展需要制定不同的配套政策。比如在财政上，对那些开拓国外市场在境外设立生姜大蒜等农产品直销机构的，给予重点扶持。从2001年起，莱芜市政府便有专项资金400万是用于扶持大宗农产品产业化发展的。2011年之后，这个数字提高为1000万，如果龙头企业能够成功上市，还给予100万奖励。对于这类企业，莱芜市农业银行、农业发展银行、农村信用社等金融机构在授信额度内，是执行优惠利率的。税收上也确保农产品的出口退税率，足额及时返给出口农产品的企业，还对农业产业化重点龙头企业的新产品开发、自主创新、农业技术引进等给予税收优惠。

2008年，莱芜市提出"区域化布局、规模化经营、标准化种植、产业化发展"的发展思路，在西部平原发展"三辣"（葱、姜、蒜）主产区，鼓励扶持企业引进一些农产品深加工项目、农产品物流配送项目等。到2010年，17家省级以上龙头企业出口额就占到了农产品出口总额的80%以上，主要农产品原料采购值达到了42亿元，全市70%的农户参与到了农业产业化领域。2005年，生姜种植面积14.59万亩，大蒜种植面积15.2万亩，鸡腿葱种植面积3万亩。以加工促进种养，以种养促进加工，在企业与农户之间，实现了农业生产的良性循环。龙头企业对于新品种的推广是非常有效的，

不过，由于莱芜的龙头企业总体规模还不大，一部分企业规模小、实力比较弱，生产经营管理还不规范，发展能力不强，管理机制不够现代化，产品研发与创新能力都比较缺乏，精深加工的能力还远不够与国内国际大企业抗衡。

对于何官庄的村民而言，政府如何扶持农业龙头企业他们是感受不到的，不过农民会自发根据市场的情况进行种植经营的选

择。本村种植的主要经济作物是大蒜，在 2000 年之后的一段时间种植面积一直在增加，而且维持了很多年的种植面积。原因有三：

一是农民算经济账：同一亩地，种小麦，在最风调雨顺的年景里，亩产顶多一千五百斤。实际上很多时候亩产一千斤都达不到。按一千斤计算，小麦一块多一斤，也就一千多元钱，去掉种子、化肥、农药、灌溉等成本，基本赚不到钱。曾经有农民为了节省成本，不去买种子，而是种植前一年自己家产的小麦，没想到这种麦子抗寒差，冬天冻死了。而种植大蒜，亩产可以达到三千斤，这些年大蒜最低价格在七八毛，最高价格卖到过五六元，一亩地的产出以最低价格计算也能卖两千多元。而且大蒜不用专门去买种子，完全可以种前一年自己家生产的大蒜，不会出现质量问题。大蒜本身具有杀菌的作用，除了怕涝怕旱，不用担心病虫害问题，不需要农药。同时，大蒜种植还有个副产品：蒜薹。一亩地可以出三百斤左右蒜薹，价格高的时候，一亩地的蒜薹就抵得上一亩地小麦的销售收入。两相对比，大蒜成本低而销售收入高，自然不断扩大种植面积。

第二个原因是村民感觉到了销售的便利。2000 年之前，农户种植了大蒜，销售的时候往往需要到几里路甚至十几里路之外的镇上去，十分不方便。2000 年以后，各个村的收购点不断增加，逐渐发展到一个村里有几处收购点，甚至于在田间地头就有人现场收购。

第三个原因是存储的便利。随着莱芜三辣以及蔬菜种植面积的扩大，莱芜用于蔬菜食品保鲜的冷藏库数量也不断增加，这都是私人建设、市场行为。除了商贩，一些普通农户如果觉得当年价格不合适，也可以去冷库存储，等到来年再销售。

不过近年来大蒜种植面积正在缩减，主要原因是人口老龄化问题。大蒜的种植和收获一直是人工操作，体力不够的老年人根本种植不了，仅仅是一根一根把蒜薹抽出来都是很繁重的劳动。蒜薹还必须抽出来，蒜薹如果不抽，就会导致后期蒜头长不起来，因为植株的营养会被蒜薹"霸占"。目前，莱芜市已经开始举办大蒜机械化种植技术的培训班。但是目前大蒜播种机的使用并不很成功，推广效果不好，大蒜收割机相对比较成熟，已经有五分之一左右农户应用，但是蒜薹问题仍旧解决不了，这直接导致了大蒜种植面积的减少。

相比较而言，现在小麦种植收割销售都非常便利，种植和收割都实现了机械化操作。每年收麦子的时候，大型收割机直接将麦粒倒在地头的道路上，晒大半天后就直接根据含水量情况进行收购，农民根本不需要运回家中，选个有太阳的好天气，一天就可以收获销售完毕，大大减轻了劳动量。因此对于年老体衰的老年农民来说，虽然种小麦收入比较低，可是自己的体力还能完成，种小麦是个更好的选择。

临沂市莒南县的农业新技术扩散也明显是有企业带动和政府扶持的特点，莒南县加工企业众多，目前莒南县拥有花生加工企业300余家，其中国家级重点龙头企业1家、省级6家。农业龙头企业是指在发展过程中，因为农产品的生产，加工和流转的需要，将农户和相关利益者连接起来，来推动农产品生产，加工和销售一体化的企业。

莒南县拥有自营进出口权企业77家，常年出口额在2亿美元以上，出口量约占全省的三分之一、全国的五分之一。2015年，"莒南花生"被农业部认定为全国首批六个国家级农产品地理标志示范样板试点，2017年，"莒南花生"获国家地理标志证明商标，成为"中欧互认农产品地理标志"之一。2019年，"莒南花生"荣登中国区域农业品牌粮油类十强。

根据中央的精神，莒南县制定了2023年农业技术推广方面的新计划：

（一）带状复合种植技术

1. 确保种植效益基本稳定。2022年我县大豆玉米带状复合种植面积已经达到1.01万亩，该模式已经基本成熟。但作为一种新模式，在实际操作过程中，既要借鉴成熟的经验，更要结合生产实际积极探索适宜我县的复合种植技术。紧盯关键生产环节，抓好技术培训指导，按照"玉米不减产、多收一季豆"的目标、确保种植效益不减，得到农户的认可。

2. 确保实施面积相对集中。应建立政府主导、新型经营主体参与的推广模式，优先鼓励支持农业企业、家庭农场、种植大户和农民专业合作社等新型经营主体集中连片开展大豆玉米带状复合种植，打造一批高产攻关田，辐射带动周边农户，扩大种植影响力和带动力，为下一步大面积推广充分发挥好示范带动作用

3. 确保技术模式相对统一。要大力推动大豆玉米带状复合种植与现有农机具相融合，按照复合种植需求，适当改装现有机具，切实提高机具利用率，同时，加大带状复合种植专用机械推广力度，切实提高种植和收获环节机械化水平，最大限度的实现技术轻简化和全程机械化，降低种植成本，尽可能做到全县耕种管收

技术模式相对统一，便于复制推广。

4.确保尊重农民意愿推进。各镇街要深入开展调查摸底，充分尊重农民意愿，不摊派、不强压，稳妥推进。要通过宣传落实大豆玉米带状复合种植补贴政策，推动引导农户应用这一模式的主动性，并及时将种植任务细化分解到主体、到地块。

5.开展花生玉米套种创新。我县是花生生产大县，部分农户及技术推广部门有丰富的种植经验，特别是县农技中心与省农科院万书波院长团队有长期的合作基础，花生大豆带状复合种植已连续开展5年的试验示范，技术经验基本成熟，2023年，我县将计划推广花生玉米带状复合种植0.2万亩。

搞好大豆玉米带状复合种植，"政策扶持、技术支撑"是关键，下一步，农业服务中心将在局领导的指导和上级业务部门的指导下，重点开展大豆玉米带状复合种植技术要领探索制定，并开展相关人员技术培训，压实播种、田管、收获三大任务，补齐短板，强力推进。

一是搞好宣传发动和技术培训。项目实施前，重点开展部分农户代表和播种机手培训，培训模式为线上和室内教学为主。我们将邀请省市专家在农闲时节开展适用技术培训，并充分利用广播、微信、宣传彩页、组织召开座谈会、村民代表会等形式，广泛宣传大豆玉米带状复合种植的重大意义，炒热农户思想，提高广大群众对大豆玉米带状复合种植的认识，调动农户种植热情，为大豆玉米带状复合种植推广奠定技术和群众基础。

二是加大政策扶持。在资金方面，认真落实中央、山东省大豆玉米带状复合种植补贴政策，根据实际种植情况，及时足额招标到位。在保险方面，莒南县农业农村局、财政局等相关部门积极研究出台农业保险配套支持政策，并主动靠上搞好宣传和服务，及时满足种植主体风险防控需求。在农机方面，积极研究完善新购农机补贴政策，降低社会化服务组织服务成本，同时立足现有机型，因地制宜抓好适配改造，做好配件协调供应。

三是成立技术指导小组。莒南县农业农村局将成立 8 个技术指导小组，每个小组由局主要领导带队，配备 3 名技术指导员，在镇街农业综合服务中心的配合下，对标农机手和种植户，下沉一线，开展政策宣传和针对性的技术指导。

四是与种植户签订种植协议。为确保 1.2 万亩种植任务完成，莒南县农业农村局将与项目实施镇街、项目实施镇街与种植户签订种植协议，明确各方责任。同时为减少异议和纠纷，播种中标企业需与种植户签订播种满意度协议，播种完毕后，待农户对播种质量满意后，由农户现场签字。

（二）耕地治理保护提升、化肥减量增效技术

1. 持续开展酸化耕地治理。在 2020 年~2021 年项目实施基础上，继续在原实施地址开展酸化耕地治理技术面积 2.5 万亩，建设完善千亩示范片。技术模式采取施用土壤调理剂、增施有机肥，秸秆还田、秸秆堆沤还田等措施，保持实施区域规模、技术模式的连续性。

2. 集成酸化耕地治理技术模式。为科学评价项目实施效果、优化治理技术模式，在项目实施后定点采集土样 25 个，安排实施 2 处土壤改良修复产品及综合治理技术试验，全面梳理项目实施各环节，总结提炼形成酸化耕地综合治理技术模式。

3. 开展耕地质量调查监测评价。采集检测土样 175 个，更新完善数据库，分析对比耕地质量等级变动情况，形成耕地质量等级变更评价报告及成果图件。

4. 开展补充耕地质量评定。补充耕地质量评定调查采集检测土样 25 个，形成补充耕地质量评定报告。

5. 开展田间试验。安排实施田间肥料试验 4 处，进行农户施肥调查 145 户，施用新技术、新产品、新机具"三新"肥料配套技术示范区 2.6 万亩，推广测土配方施肥技术种植面积 126 万亩。深化普及测土配方施肥技术，制定发布主要农作物施肥配方、农企对接推动配方肥下地、强化技术培训、印发技术资料张贴分发到村和肥料经销网点，确保测土配方施肥技术覆盖率稳定在 90% 以上。

从各级政府的政策来看，现在农业新技术的扩散已经不再是原来那种各家各户单打独斗采用某项新技术的情况了。2021 年习近平总书记指出："全面实施乡村振兴战略的深度、广度、难度都不亚于脱贫攻坚，必须加强顶层设计，以更有力的举措、汇聚更强大的力量来推进。"说明，乡村振兴要采用"国家战略＋顶层设计"的方式，国家将推出倾向性的政策支持、大规模的物资、人力等振兴资源的集中投入，要以更宏观和整体的方式来推进农业新技术的扩散。

党的二十大报告指出，要强化农业科技和设备支撑。习近平总书记在 2022 年召开的中央农村工作会议上强调，要依靠科技和改革双轮驱动加快建设农业强国。首先第一条就是要增强农业科技供给能力，为乡村振兴提供技术保障。农业科技创新下一步的方向必然是绿色、有机、可持续发展，发展数字农业、智慧农业。

数字农业是在地学空间和信息技术支撑下的集约化和信息化的农业技术，利用现代信息技术对农产品、农业环境、农业生产全过程进行数字化采集与设计、可视化表达与信息管理，实现合理整合利用农业资源、提高农产品质量和产量、提升农产品附加值和溢价能力、提升整体竞争力的目的。2017年我国农业部首次下文扶持数字农业，进行试点，全面探索数字农业发展。之后国务院、中央网信办、农业农村部等部门相继颁布条文，明确提出要实施数字乡村建设发展工程等。

在系列政策指导下，我国数字农业技术正在快速发展，突破了一批数字农业关键技术，开发一批实用的数字农业技术产品。在农业信息采集技术、农业问题远程诊断、农业专家系统与决策支持系统、农业远程教育多媒体信息系统等方面的研究应用上，取得了重要的阶段性成果。比如农业农村大数据体系的建设，科技部门与有关企业正在开发完善的农业大数据解决方案，建立农业数据收集、处理、分析、存储等的基础体系，通过各种可视化手段，展现农业产业现状、生产与贸易信息等数据。进而通过不同类型地区应用示范，初步形成我国数字农业技术框架和数字农业技术体系、应用体系和运行管理体系。

按照数字乡村发展的战略目标，到2025年，数字乡村建设取得重要进展，城乡数字鸿沟明显缩小；到2035年，数字乡村建设取得长足进展，农民数字化素养显著提升；到21世纪中叶，全面建成数字乡村，助力乡村全面振兴。

人工智能技术的快速发展，加速了农业数字化的进程，影响着农民的生产与生活方式。在农业的生产种植过程中，人工智能技术开发出农业专家系统，对土壤与作物的信息进行数据处理，可以推荐更合理的农产品种类，实现农业生产的智能化。大数据计算技术可以通过大量历史与当前数据挖掘，对未来趋势与发展模式预测有价值的信息，为农户提供科学指导，提高生产效率。遥感技术与AI技术的综合集成应用使田间管理呈现出智能化、可视化的全新模式。

智慧农业不是新一代信息技术在农业的简单应用，而是具有更为丰富的内涵和外延，它既是农业数字化、网络化、智能化转型的具象化、系统化呈现，同时也是一种新业态、新产业，将重塑生产形态、供应链和产业链，在推动农业提质、增效、降本、绿色、安全发展等方面蕴含着巨大潜力。

未来的农业，识别杂草、喷洒药剂，会变成田间除草机器人的工作；大数据系统不断完善，智能温室系统能够让水肥更有效利用，减少污染和浪费。这要求强化农业科技基础研究，并能不断研发农产品的新品种和农业新工具。

国家层面还提出了科技创新成果如何转化为实际生产力，是科技创新活动的"最后一公里"。办法之一就是引导各类社会力量参与农业技术推广，健全农业社会化科技服务体系，其次是推动产学研、农科教紧密结合。这势必要求改变传统条块分割的科研体系、单兵作战的科研组织方式，要逐步适应现代农业科技多学科交叉融合的发展趋势。2014年12月，由原农业部主导、中国农业科学院牵头组织农业科研机构、农业企业、涉农高校共同成立的国家农业科技创新联盟，是当前优化农业科技创新资源配置、推动产学研深度融合、突出企业科技创新主体地位的重要举措。"企—科"

联盟可以通过市场机制重新整合科技资源，转变为科技创新实体。国家将出台系列配套政策，加快一体化新型农业科研组织培育，通过对优势企业、大学、科研院所的有效组合，打造能够引领国家农业产业技术创新的联合开发体。鼓励科研人员技术转化，创新成果转化应用机制，搭建农业科技成果转移转化平台。构建多元化基层农技推广服务体系。探索政府扶持和市场化运作相结合的农技推广模式，建设科技创新示范展示基地。建设网络推广平台，横向连接国内外农业科教单位，纵向连接农业信息网、龙头企业、农民专业合作社，打造农业专家推广服务系统。引导社会科技力量大力参与农业技术咨询、技术中介和技术服务机构，通过技术咨询服务引导先进技术成果的转化应用。

第二章　农业制度创新的影响

第一节　农业发展模式创新

创新与科学传播、技术转移、技术转让等词有着千丝万缕的联系，"创新"在企业界是从产品构想到消费者接受使用的过程，在科学界是思想的火花闪现到发现新知识或者新领域的过程。我们本书中的创新，是弗雷特·罗杰斯（Everett M. Rogers）教授在《创新扩散》一书中所指的新观念、新事物、新产品的综合，是一个更为宽泛的概念。只要被采用的个人或集体视为全新的方法、实践、物体或者观念，都属于创新。

一、制度安排促进新技术采纳

在我国农业发展的过程中，农业创新不仅包括技术的创新，还包括制度的创新。把传统农业社会改造成现代工业化社会是发展中国家的一个使命，把传统农业改造为现代农业需要物质资本的积累、技术采纳的积累和人力资本的积累，还需要制度安排。我国传统农业的改造需要根据我国的国情，做出适当的经济制度安排，才能更好促进农业发展。

在我国农业农村发展过程中，对新技术的推广明显呈现出了集约化的特点，是缘于经济学上规模经济效应。经济学家陶达罗曾经对拉丁美洲传统农业中的农民进行过剖析：农业生产的环境是艰苦的、没变化的或静态的。有限的技术、僵化的社会制度，分散的市场，以及城乡间交通网络的缺乏，阻碍了生产水平的提高。另外，农民缺乏社会保障、事业保险和最低工资法律等各种制度条件，使农民仅仅依靠从事农业生产维持生计，无法从根本上摆脱困境。

对比之下，可以看到，我国在改革开放几十年的发展之后，农民自主采纳新技术的次数逐步增加，农村各种社会保障系统正在逐渐完善之中，不仅农民有了合作医疗、养老保险等，农业也有了各种保险，现在我国开办的农业保险主要险种有：农产品保险，生猪保险，牲畜保险，奶牛保险，耕牛保险，山羊保险，养鱼保险，养鹿、养鸭、养鸡等保险，对虾、蚌珍珠等保险，家禽综合保险，水稻、油菜、蔬菜保险，稻麦场、森林火灾保险，烤烟种植，西瓜雹灾、香梨收获、小麦冻害、棉花种植、棉田地膜覆盖雹灾等保险，苹果、鸭梨、烤烟保险等等。为了进一步保障农民利益，政府对农民承包地和宅基地进行了确权登记颁证，从法律上保护农民利益不受侵犯，就连进城落户的农民也享有土地承包经营权和宅基地使用权，而且国家给了农民土地承包经营权，却并未强制农民必须在家种田，自己不愿意种地或者种不了，可以流转、入股、转让，获得租金或入股分红。这些为传统农业向现代农业发展奠定了基础。

二、农业龙头企业联农带农新模式

在农业产业化发展过程中，农业龙头企业作为整个农业产业链条的领导者，对于整个产业的发展起着重要的决定作用。2019年，习总书记讲话提出：我国经济的发展，要实现"以企业带产业"的联动发展模式，通过农业龙头企业的自身发展，也相应带动了其所处产业链中相关利益者的发展。

2022年，农业农村部公布了农业产业化龙头企业联农带农的五种模式及 20 个典型案例。这五种模式分别是：

1. 统一服务带动标准化经营联结模式

统一服务带动标准化经营联结模式，是指通过龙头企业或农业产业化联合体为农户等经营主体提供产业环节内、产业链条间的社会化服务，实现标准化种养、规模化经营、产业化分工，借助全产业链的组织优势、规模优势、成本优势、分工优势，构建多环节、多链条的联农带农机制。该模式的主要特征是，龙头企业根据自身需求，在生产等领域创设一批标准化作业标准、操作规范和工艺流程，并通过技术培训、农机作业、农资供应等方式的社会化服务，帮助农户采取标准化生产模式，实现以服务联带农户、以服务联结生产、以服务联动产业。

借助全产业链社会化服务，龙头企业帮助农民解决技术性问题，推动农户规范化生产、企业组织化购销、主体产业化分工，实现联农带农与产业发展内在促进、有机融合。一方面，可以大大降低全产业链的价格不确定性、产量不确定性、销售不确定性等自然和市场风险；另一方面，能够帮助包括农民在内的全产业链主体获得数量有规模、质量有保障、服务够及时的稳定货源和便捷服务，确保合理有序的产业分工和供应链完整闭合，助力联农带农机制在产业内部、链条之间、三产融合中促进农民便利生产、便捷就业、多元增收。

2. 股份合作共享发展成果联结模式

股份合作共享发展成果联结模式，是农民以土地经营权、大棚圈舍和农机渔船等生产生活设施、劳动力以及自有资金等要素和资产入股龙头企业、农业产业化联合体或园区基地，参与农业全产业链经营，获得相应分红收入，实现成果共享、收益共享。

该模式将现代企业股份制引入特色产业发展，通过入股分红将农民要素资产与企业经营发展联为一体，成为休戚与共的命运共同体，实现农户与企业共赢。农民与企业之间不再是简单的购销关系、合作关系、临时关系，而是资产深度联结、收益紧密捆绑、分配事关你我、发展荣辱与共的利益共同体。一方面，农民借助要素资产入股企业，推动资金变股金、资源变资产、农民变股民，实现经营就业多选性、收入来源多元化；另一方面，企业通过要素入股将农民带入产业环节、引入产业链条、融入产业融合，将资源整合产业之中，将要素注入产业发展，将收益让渡农民，实现小农户与现代农业有机衔接的方式多元化、渠道多样化、收益共享化、联结深度化，在要素收益共享中实现产业增效和农民增收。

3. 金融创新支持高质量发展联结模式

龙头企业发挥自身在产业链中的关键作用，利用现代化的数字、信息技术，构建完整的信用体系和风险防控体系，积极对接银行、保险、担保等金融机构，共同为农户提供资金担保、设立发展基金、发放信用贷款，帮助农户扩大融资渠道、创新融资方式、降低融资成本，提高农户高质量发展能力。

金融创新支持高质量发展联结模式联农带农效果表现在：一方面，农户获得了更加顺畅的产品销售、资金变现和交易结算方式，能够有效规避价格波动对收入造成的不利影响；另一方面，通过龙头企业带动，金融机构与农户建立了更加密切的联系，运营成本和经营风险更加可控；同时，农户的信用记录更加健全、融资渠道更加多元，扩大生产规模、创新经营模式面临的融资难、融资贵问题能够得到有效缓解，农户能够以更灵活、更多样的形式参与现代农业发展。

粮食银行是该模式的一个典型创新，它将金融理念引入粮食购销环节，不仅可以解决购销企业流动资金占用问题，还可以让农民对产品变现有更多价格选择，实现农民和企业的双赢。粮食银行的创设，巧妙解决了粮食收购、存储、销售、加工过程中的货物调配、兑付时差、以粮易物、财物结算等问题，提高了企业购销货源、农户财物兑换的便利性，缓解了产品和现金交割压力，减少了贷款利息支出，做大了农户与企业的共有"蛋糕"。

4. 村企协同共促脱贫致富联结模式

村企协同共促脱贫致富联结模式，通过龙头企业与贫困村村集体开展全方位的经营合作，将村集体经济组织成立的合作社嵌入农业产业化过程中，注入稀缺要素、优化资源配置、引入市场活力，为贫困村建立产业基础，实现村企深度联合，带动全体村民分享农业产业化发展红利，实现脱贫致富。

该模式的突出特点是，龙头企业和村集体直接对接，村集体通过整合村组土地、设施、环境、生态等资源，将生产要素融入企业经营，企业借助要素资源的整规优势，节约规模要素搜寻成本，加速形成规模经营所必需的要素整合，实现企业经营的要素集约、成本节约与关系理顺。有些企业负责人还担任村书记或村致富带头人，一边发展企业，一边联结村集体，帮助村集体通过开发资源要素价值，培育特色产业，推进产业融合，以集体资源资产参与的形式，带动农户借势村企协同发展，融入现代农业。一方面，农户不必依靠亲自经营即可分享农业产业化发展的红利，节省出来的时间和劳动力可以外出务工，获取工资性收入；另一方面，通过开发村集体资源要素、提升集体资源资产价值，切实保障了农民合法享受集体资源资产收益的权利。

5. 业态创新引领就业创业联结模式

业态创新引领创业就业联结模式，通过龙头企业发展生产、加工、流通、电商、观光、文化、生产性服务业、生活性服务业等，带动基地周边农户围绕产业链条延伸配套服务，实现创业带就业，让农户逐渐成长为乡村新业态新模式的创业者、从业者，成为乡村特色产业发展的生力军。

近年来，各地产业融合发展速度不断加快，新产业新业态蓬勃兴起，成为农民增收致富的重要渠道。但很多农民苦于缺乏资金、经验、技术等原始积累，缺少参与并分享新产业新业态发展的机会。通过业态创新引领创业就业联结模式，龙头企业能够带动农户更好参与产业链条延伸和新产业新业态发展。

一方面，龙头企业将产业链更多地留在产地、留在农村，乡村地区可以产生更多非农就业岗位，农民可以在家门口就业，收入渠道更广了；另一方面，通过龙头企业的搭建平台、示范带动、技术培训、创业孵化等，农民管理能力和经营水平迅速提高，创业能力显著增强，有能力围绕产业链发展初加工、物流运输、门店加盟、直播销售、农家乐以及民宿等，加快农民致富步伐。

从我国几十年来农业新技术的扩散情况来看，按照世界农业发展的一般趋势推进农业制度的变迁，也就是说进行农业制度创新，是发展农业的根本战略选择。这涉及农业的市场化、对土地制度的改革、农产品价格制度的改革与完善、农业社会化服务体系的建立和完善、农村信贷制度的建立和完善等。

第二节 不同创新特征对创新扩散的影响

罗杰斯教授所提出的有关创新的五个特征放在现在仍然适用：相对优势越大，被采用的速度往往越快，这里的相对优势包括经济效益、社会声望、便利性等；兼容性越好，越容易被群体采纳，这里的兼容性是创新与社会系统的主流价值观相容，或者与采纳者过去的经验及需要相符合；复杂性越低，扩散的速度越快，复杂性指新技术被理解被接受使用的难易程度，一个社会整体文化水平的推进不是一朝一夕一蹴而就的，本书中考察的一些蔬菜种植技术和养猪技术等的扩散比较快，就是因为属于农民比较熟悉的技术，简单易懂的技术接受程度高；可尝试性越强，扩散速度越快，可尝试性包括直接尝试和间接尝试。在采访的案例中，政府带领参观、跟着实践学习等方式都属于间接尝试，加速了创新扩散；可观察性越强，对结果的优越性认知越清楚，采纳的可能性越高。

目前我国农业领域不断涌现的新型技术，包括物联网技术的使用、人工智能技术的使用、精准农业技术、生物技术、无人机技术、区块链技术等，无论是利用农业传感器、GPS 等对农业生产进行数字化管理，还是应用基因编辑工具对植物进行基因改造，或者应用大数据、云计算等让农机在具体操作过程中更加智能，都需要新型职业农民的培养。如果新型职业农民培养的速度不够，那么我国下一步农民新技术的扩散必将受到很大影响。

农业制度方面的创新要想更快扩散，也需要符合这几项特征。比如农业市场化方面的制度创新，要求农业市场从政府控制转向市场化发展。发展中国家在很长的历史时期内选择了政府控制型的经济制度，或者说是发展主义经济学倡导政府干预经济的必要性。而发展中国家普遍实行的重工轻农的政策也导致了很长一段时间里，农业的发展是服从于工业的。农业主要为工业发展提供所需要的资本和劳动力。为了筹集工业化所需要的大量资金，为了支持工业发展，我国与大多数发展中国家一样，对农产品实行国家收购和价格控制的措施，很多年来农民被迫按照低于市场的价格向国家出售自己的农产品，本身农村就存在着人多地少的情况，很多地方人均二亩地都不到，就算粮价高也难以致富，何况粮价一直偏低。在成本方面，农民购买各种农资和雇用农机的成本由于工农业的"剪刀差"而不断升高，人工耕作比例大，人力成本太高。

相对的，工业企业的工资，大大高于农业的平均收入水平，由此引发了农村人口大量向城市流动。长期累积下来的效果就是，农民对于种地失去了信心，农民不愿意对农业进行投资，目前农村的青壮年劳动力，能踏实在农村工作的太少，平时在城市打工，农忙时回家帮帮忙，日常的种植交给家里的老人或者妻子，优越性不明显、复杂性比较高的技术，推广起来难度增加。

社会的一些价值观念一旦形成，其改变往往需要更久的时间。工业革命的道路让古代"士农工商"的排序早就发生了变化，"农"从第二位排到了最后面，在很多人的观念中，农民是常年以种地为生的一批人，他们干得活儿最苦收入最低，是生活在社会中最底层的一群人，是"面朝黄土背朝天"，是"土包子"，是一个被动背上的身份，一个不能引以为傲的身份。

于是，从各个方面我们都能看得到大家对于农业的兴趣缺缺。学生考学的时候，农科类的专业往往是不太受欢迎的。尤其是畜牧业，如果有哪个孩子回家说自己学畜牧类学科，准保有一些老奶奶引用一下《朝阳沟》里的歌词来笑话一番："由初中升高中，升来升去升到农村！功不成来名不就，你不怕丢人我怕丢人！"1963年拍的《朝阳沟》，主题是呼吁广大青年到农村广阔天地去大有可为，但是里面这样的歌词现在能被单独拿出来传唱，实际上代表了农民自己对这个身份的看法："你学了十几年，最后居然去学养猪？那玩意还需要研究吗？又脏又累，这是脑子有啥问题？"每个要回农村创业的学生，都要经过重重来自亲人朋友和社会舆论的难关。

实际上，老一辈农民甚至大多数国人都不知道，家里养三五头猪与自动化、集约化养殖的概念是完全不同的。一年要出栏几十万头猪的养殖场，需要大量的专业人才，包括机械操作、营养、育种、防疫、兽医等各个方面。近年来随着环保和智能化的异军突起，农科类、畜牧类有关环控、智能化方面学科人才非常缺乏。近年来非洲猪瘟的几次流行就已经发出警告，兽医等专业也应当大量培养毕业生。

第三章　创新采用者对创新扩散的影响

同一社会体系内的不同个体接受一项创新的时间往往有先有后，这给学者提供了一个思路——可以按其接受创新的时间先后，将采用者进行分类。而每一个类别里的采用者有着程度相似的创新精神。提升每个人的创新性是许多创新推广人员的主要目标，因为创新性意味着接受创新并体现在行为上的改变，是大多数扩散计划的最终目标。

第一节　创新精神

在创新扩散理论中，创新精神是指在一个系统内，一个成员比另一个成员更早接纳新思想、新技术等的程度。罗杰斯将创新精神作为因变量，研究了众多可以引起创新精神高低的自变量。创新精神是一个比较主观的概念，它没有一个绝对的衡量标准，在一个系统里被认为比较有创新精神的人，到了另一个系统里可能就成为墨守成规的人。但是无论在哪个系统，具有创新精神的人都应当是一种勇于抛弃旧思想接受新思想的精神，不满足于已有的认识，不断追求新的知识，不满足现有的方法和工具，根据需要进行改革和创新，不迷信于权威，有自己独立的思考和想法，灵活运用现有知识解决新问题。具有创新精神的人，是成为一个现代人的前提。一个国家要发展，必须多培养人民的创新精神。

罗杰斯指出，创新精神本质上是一个连续变量。我们可以根据人们对创新采纳的状况来对创新精神进行分类。他对于创新扩散的历时性过程进行分析，发现创新在一个社会系统中的扩散率大多呈正态分布。正态分布是我们日常生活中很常见的分布，也是统计学中最常见的分布。当然，罗杰斯是根据他所掌握的案例来得出的，在我们前述的两种社会状况下，新技术的扩散其实是不遵从这个规律。强制性扩散程式下，创新采纳可以是一条直线，在同一个时间点被所有人所采纳。因此罗杰斯这个创新扩散曲线都是基于用户自由选择的基础之上而做出的。

依据一个系统内人们的创新精神，罗杰斯将一个创新的采用者分为以下五类：先行者、早期采用者、早期大多数、晚期大多数、滞后者。

第二节　创新采用者特点

不同的采用者因其社会经济地位、个性、价值观、沟通行为与方式等的不同而呈现出不同的特点。在何官庄村的调查中就能比较明显感受到五类采用者的不同特点。

一、具有冒险精神的先行者

一般是指一种新技术或一种新产品最早的 2.5% 的采用者。这个群体富有冒险精神，敢于承担风险，能够承担采用一种尚不成熟的新技术或新产品可能带来的损失，无论是经济上的损失还是精神上的损失或者社会上的损失。他们往往不满足于既有的生活状态和圈子，而是不断拓展新的圈子，经常被称为"不安分"的人。这个群体常常作为"第一个吃螃蟹的人"，喜欢追求刺激，有敢为天下先的勇气。他们往往有比较高的经济条件，让他们接触到更多的新事物，也有更多的储备知识和能力，让他们能对新知识具有更好的鉴别力和接纳力。

当然这部分先行者也经常因为太过冒险而遭遇失败和挫折，其前卫作风往往不能被周围人容忍和接纳，又被称为"先驱者"。比如何官庄村的石茂常就是这样的人物，他是1985年最早前去寿光的参观者之一，也是第一批建起春季大棚的先行者之一。作为这个村庄里为数不多的高中毕业生之一，他在建温室之前，就尝试过多种行业，学过木匠，养过鸡，种过蘑菇……他的经历非常精彩，也充满了挫折，初期他学木匠，但是木匠这个行业属于没落得比较快的，新中国成立之后农村的木匠可以在盖房子的时候做梁、门窗，嫁女儿的时候做嫁妆，给去世老人做棺材，给生产队做犁耙等农具，但是大工业时代的到来，房子开始建楼房，门窗开始变成铝合金的，嫁妆到家具店买成品，农具都是工厂批量生产了。石茂常转战养殖业，这在村里也是最先进的，刚刚脱离开"割资本主义尾巴"的时代，他就开始折腾大规模养鸡，但是跟种菜一样，没有足够的技术支持，他不知道小鸡冷了要往一起挤，普通农民散养三只五只鸡的时候根本不被注意的问题，一旦形成规模以后这个问题就出来了，雏鸡因为怕冷等原因会挤在一起，雏鸡互相压在一起，代谢产生热量排不出去，堆在一起又缺乏空气，最后就导致了雏鸡的死亡，而且通风不好、鸡群密度大、不注意消毒的话，鸡群抵抗力比较差，很容易发生鸡瘟。在一次鸡瘟之后他血本无归。于是回归到土地上，想着种植什么经济作物。初始想养蘑菇，但是当时菌种问题是最大的问题，他也是技术不行……最后才开始种蔬菜，这一种就是十几年，逐渐摸索出了门道，但是年龄也渐渐大了。

二、受人尊敬的早期采用者

是先行者采纳后接下来的 13.5% 的采用者。这一批人与先行者有着明显的不同，是因为先行者由于其独特的冒险风格和大胆的行事作风往往被群体内认为"异类"，而早期采用者相当于社会中的意见领袖，通常有着较高的学识和见地，具有较高的社会地位，他们与大多数人员是同质化的，不仅被接纳，而且很容易被效仿。在创新扩散的过程中，他们会较早采用新技术或新产品，因在系统中有威信和名誉，很容易带动其他人也采纳创新，因此创新机构很重视这个群体，会利用这个群体推广他们的新技术或新产品。

何官庄村 1995 年第一批建起冬季温室的农户大部分就具有这样的特征，比如石茂昌，这位与石茂常同音不同字的农民，其实是 1985 年就建起春季温室的另一户，他做事比较细心，虽然在初期也因为技术问题有一些困扰，但是总体而言是成功的，他是村里第一批买上彩电的。这个村里最早买彩电的基本上是在外面上班或者做生意的人，而他是第一个靠种菜买上彩电的，尽管他尽量低调，还是成为别人效仿的对象。他的弟弟石茂海，本来罗到省会去打工的，后来发现哥哥种菜比他在外打工挣钱还多，就果断放弃外出打工，转头也开始学着种菜。村里的王胜业与石茂海承包的土地相邻，两家素来交好，也开始跟着一起种菜。可见石茂昌就属于有号召力的早期采用者。何修凤之前也有过两三年种陆地蔬菜的经历，她已经从种菜上尝到了甜头，认为种菜确实比种粮食更赚钱，她对1994年的一件事记忆犹新："1994年我到外地去发现了一个村子里种了好多茄子，那个茄子特别好特别大，一看就产量很高。我就跟人家买了茄子种，确实高产，那年我家一亩地的茄子卖了1600多元！"她对温室蔬菜的前景非常看好，所以第一批就建起了温室。

三、深思熟虑的早期大多数

接下来的34%的采用者，又被罗杰斯称为"深思熟虑的早期追随者"，他们连接着早期采用者晚期采用者，对于一个系统里创新的扩散延续有着重要作用。他们对于创新持着积极开明的接纳的态度，但属于比较慎重地决策者，他们相互交流、相互影响，在采纳创新之前会听取多方面的意见，本质上是追随者而不是意见领袖。

在何官庄村的采纳者中，这是最多的一部分人，这里包括两种，一种是虽然自己没有种菜经历，但是亲戚家有建温室种菜的，对温室的使用和收入情况比较了解，比如石青峰，他的表姐嫁到了嘶马河，他表姐家有温室，种植很成功，告诉他"搞温室很赚钱"，但是他认为嘶马河村距离市区非常近，那边素来有种菜的习惯，已经有规模了，而且嘶马河有比较大的农贸市场，不用发愁销售，这些条件是何官庄村没有的，所以之前一直在犹豫要不要搞温室。还有何修礼，他连襟是多年种植温室蔬菜的，还当过技术员，靠种菜发家致富并在他们村当选为书记，他对于温室种菜前景是认可的，但是由于初期投入比较大，自己也不懂种菜，所以瞻前顾后很久没有开始干。

第二种也是原本没有种菜经验的，也并不了解温室种菜的前景，但是他们与村干部的关系比较紧密。比如李保让，他原是外村人，并不懂种菜，但是娶了何官庄村的石青芹为妻，随妻子搬到何官庄村住。石青芹结婚前就是何官庄村的妇女主任，她在村里很活跃，婚后继续担任这个职务，回家动员自己丈夫建温室，难度系数比较低。再比如何修玉，他哥哥就是村干部。在村干部劝说发动村民时，很多农户对村干部的意图持不太信任的态度，这些人虽然也是比较谨慎，但由于他们与村干部的紧密关系就很容易被说服。

四、持怀疑态度的晚期大多数

罗杰斯认为这部分与早期大多数人不同，他们对创新是持有怀疑和审慎的态度的，往往不是出于主观意愿才采纳了创新，这部分人往往能占到三分之一的比例。

这样的情况在何官庄村也有，但是没有这么高的比例，比如李友荣，他积攒了一部分资金，在当时经济条件还可以，也一直在考察投资的项目，他对于种植蔬菜是不太看好的，因为他自己也没有种植的经验，他考察的结果就是搞养殖行业不错，他打算买牛养牛，但是这个成本也不低，他尚处于论证状态的时候，村干部来宣传温室蔬菜的扶助政策，他听说建温室有补助能贷款，但是养牛村里不给任何补助的时候，就改变了主意。但是他对于自己种菜没有很大的信心，温室建起来的时候还在想，如果种菜不成功，温室还可以改成牛圈。另一户跟他情况很相似，这一户正在承包之中的土地恰好被村里划成温室用地，按照当时村里的意见，如果他不建温室种蔬菜就要调出来给别人。他原本想在这块土地上养猪，并且已经建成了猪圈。为了保住这片土地，虽然不太情愿，但还是把猪圈改造成了温室。

五、墨守传统的滞后者

最后 16% 的人群，罗杰斯认为这部分人比较传统主义，通常在系统传播网络中出于游离状态，社会联系比较少，是系统中最晚采用创新或者永远不会采用创新的人。当然这个群体并不一定就是贬义上的"落后分子"，他们有时候是因为经济条件有限，有时是因为一些其他的原因。实际上，在何官庄村这个村子里，四百多户人家也只有不到十分之一的农户建起了温室蔬菜大棚。

那么那些没有采用温室新技术的农户是因为什么呢？我们通过对三十八户种植户进行了人口统计分析，这些户主的平均年龄为四十岁，恰好是人到中年，已经开始扎根于农村，不再想出去打工。年龄比他们大的一部分人已经基本将自己划归老人群体，不想再冒险。年龄比他们小的群体，大多在乡镇附近的工厂工作或者开始远离家乡外出打工了。20 世纪 90 年代对于年轻人来说是个充满机遇的时代，当时的生活水平并不高，年轻人对于土地上能生长出什么值钱的东西大多并不相信，打工赚钱是他们认为通向致富的最好途径。因为听说在广州、深圳这些大城市，有很多的机会可以赚到钱，因此吸引着越来越多的青年离开了家乡。

第三节 人口统计因素对创新扩散的影响

从近年来的情况可以看出，人口老龄化问题带来了农村新技术扩散的减慢问题。无论是政府的推广还是市场的推进，在老年人面前都变得非常艰难。21世纪的中国社会，数字化与老龄化共同成为时代的一大特色，数字化的发展在促进社会飞速进步的同时，也在与老龄化的"共振"中引发社会新的问题与挑战，这些问题与挑战，在农村表现得尤其明显。

国家统计局发布的第七次全国人口普查结果显示，65岁及以上人口占全国总人口的13.50%，较第六次全国人口普查上升4.63个百分点。老龄化成为21世纪中国社会的一大显著特征。与此同时，数字化与中国老龄化几乎同步发展，移动互联网、5G、人工智能、大数据等新技术得到迅猛发展和深度应用，智能手机成为日常生活中几乎必不可少的存在。根据CNNIC发布的数据，截至2021年12月，我国60岁及以上老年网民规模达1.19亿，互联网普及率达到43.2%，老年人群体逐渐向"数字化"互联网世界迈出脚步。老人对互联网这个新事物的学习有许多迫不得已的因素，有人因为超市甚至小商小贩都是使用支付宝或微信收款不收现金而导致买不上菜、有人因无法网上挂号，凌晨起床到医院唯一的老年窗口挂号失败……老人群体被迫卷入时代，开始接触和学习新媒体。

老年群体对于创新的接触，可以从精神接入和物质接入两个方面分析。精神接入是心理上对创新的接纳，物质接入包括创新实物的接入以及配套设备硬件和软件的接入。我们对于农村智能手机使用情况进行调查，根据访谈结果可得知，农村老人对于网络的兴趣与基础经验较少，易对网络呈抵触心理，精神层面难以接入。有的老人即便具备了初步的知晓条件，却仍未采用，通常是有着自己对年龄、对身体条件的担忧，比起接入的结构性因素，心理上障碍是其最大的挑战。

王恩豪 (2019) 指出老年人的接入意愿随年龄的增加而降低，同时也会受到接入成本的制约。通过与农村老人的访谈可以得知，这种对于成本的担忧往往有时候是来源于实际的金钱短缺，有时候是长久以来节约意识的影响。比如，有的老年人认为购买智能手机就是浪费，"我要那有什么用，手机不是钱啊，有那闲钱不如给孩子买点吃喝"。实际上，通过调查，老年人拥有智能手机的比例并不低，因为老年人智能手机的来源有很大一部分是"我的这个手机是孩子们替换下来给我的，他们换新的，旧的就我用"。

教育程度的差异自源头影响了智能手机的接入，而学历的参差将进一步导致新技术学习过程中的心理落差，触发心理的自我否定、退缩的心理。有研究表明，老年人对年龄刻板印象的认同程度越高，其互联网使用能力越弱。不少农村老年人潜意识中认为老年人不适合接触新鲜事物，因此对自身能力的怀疑不愿尝试智能手机的使用，对自己的数字化时代接入具有明显的消极态度，"我可玩不转那个手机，我都多大了，又不认识字，脑袋瓜又慢，用手戳我都戳不对地方，还赶这个时髦，不够麻烦孩子们的"。由于农村的老年人整体上学历低，有这种思想的人占了绝大比例。

第四节　新型职业农民的成长

近几年，国家一直把培育新型职业农民作为一项重要工程。新型职业农民作为"绿领精英"应该是具有爱农业，懂技术，善经营的特点，他们要让农业成为有奔头的产业，让农民成为有吸引力的职业。新型职业农民是以农业为职业、具有相应的专业技能、收入主要来自农业生产经营并达到相当水平的现代农业从业者。新型职业农民可分为生产经营型、专业技能型和社会服务型三种类型。

新型职业农民概念的提出，意味着"农民"是一种自由选择的职业，而不再是一种被赋予的身份。从经济角度来说，它有利于劳动力资源在更大范围内的优化配置，有利于农业、农村的可持续发展和城乡融合发展，尤其是在当前人口红利萎缩、劳动力资源供给持续下降的情况下，更是意义重大；从政治和社会角度来说，它更加尊重人的个性和选择，更能激发群众的积极性和创造性，更符合"创新、协调、绿色、开放、共享"的发展理念。

习近平总书记在参加 2017 年"两会"四川代表团审议时指出，就地培养更多爱农业、懂技术、善经营的新型职业农民。2017 年 1 月 9 日，农业部出台《"十三五"全国新型职业农民培育发展规划》提出发展目标：到 2020 年全国新型职业农民总量超过 2000 万人。提出以提高农民、扶持农民、富裕农民为方向，以吸引年轻人务农、培养职业农民为重点，通过培训提高一批、吸引发展一批、培育储备一批，加快构建一支有文化、懂技术、善经营、会管理的新型职业农民队伍。

新型职业农民的产生，首先可以从原本的农民群体中产生。这需要一个从传统农民向新农民的过程。这群人一般是初高中以上文化的农民，是没有随着大量青壮年劳力外出务工，而是留在村庄里以农业为职业的农民。他们能接受农业新技术，有一定的农业专业知识，靠自己的所学知识来从事农村的农林牧渔行业。

在莒南县相沟镇王石河村的调查中，作者发现了一个有特色的人物：本村的书记王磊，一位四十多岁的中年人。这位 1976 年出生的"70 后"一开始只读了初中，初中毕业后在村里务农。1994年，18 岁的王磊开始担任村里的团支部书记，一直到 2000 年，成为治保主任。在这个只有三百人的村子里，他一直是比较努力上进的，为了致富，他曾经选择养殖山羊，当时买了二十多只母羊，生了小羊，一个羊圈里放四五只母羊，但是母羊们总打架，小羊也长不好。他承认自己根本没有养殖山羊的技术，就匆忙上马这样的项目，是个错误的选择，一年之后只好匆匆卖掉了所有的山羊。

2005—2007 年，村里培养后备干部，派他去县里的农校（农业广播电视学校）进修，一学期去两次，每次三天，他学习的科目是兽医学。虽然进修时间短促，学习的质量并不高，但他通过跟老师的交流终于明白了自己为什么养不好山羊了。这次进修，他拿到了大专文凭，也让他认识到知识和技术的重要性。

2007 年，他与别人合伙承包了石子厂准备开始经营，石子厂就是从当地的石头塘购买白云石原料进行加工销售。相沟镇石河社区处于莒南县与临沭县交界处，是远近闻名的石子、滑石粉生产基地，相沟镇靠山吃山的"习惯"已经由来已久，这里的变质岩区盛产白云石大理岩、蛇纹岩等，从改革开放之前开始这里就注册了大大小小的各种石头加工厂，到现在还能查到的也有十几家：1970年注册的莒南县白云石深加工有限公司距今都有53年了，经营白云石颗粒、石英砂、黑石子、白云石粉、方解石粉、滑石粉、普白砂、白砂、腻子粉等；2002年注册的相沟乡卫金石子厂；2003年注册的石河全兴白云石加工厂；2008年顺振白云石材厂，2010年注册的相沟乡祥梅白云石加工厂、相沟乡西老子峪石子厂；相沟真诚石子厂；相沟仲考石子厂；鑫源石粉厂；益通白石子厂；莒南防静电水磨石石子厂；临沂水磨石石子厂；洪对石子厂是2016年注册的……主要经营范围基本都是白云石子、石粉加工、销售等。

2008年我国要办奥运会，环评空前严格起来，他们承包的石子厂基本就没有干起来。一直拖到2010年，才断续开工。但是很快又不能干了，一方面是因为国家整顿石头塘的污染问题，石头塘经常停产整顿，石头塘一停，石子厂就没有原料了；另一方面是白云石的开采不允许个人再干了，莒南县成立了新的公司，国家城市投资有限公司占51%的股份。更何况石子厂环评不合格，这里被各种石粉企业搞得粉尘飞扬，当地村民就连在院子里晾个衣服都成奢望，常常整个村庄笼罩在尘灰之中，无法正常生活。群众曾多次反映到镇党委政府、县环保局及国土局等相关部门。2016年，山东省环境保护厅官网公布的信访办理结果显示，莒南县相沟镇群众反映的多家石粉企业污染问题，"由县政府督促予以彻底拆除取缔。目前，石粉加工户已全部停产"。

作为王石河村的书记，王磊是知道这个环评的重要性的，石子厂很快停工，开始另谋出路。2014 年，他去东营考察桃树的种植，买回来一种叫"迎霜红"品种的桃树苗，一口气种了四亩地，第一年情况很不错，四亩地卖了三万多元钱，然后就扩大到十亩，可是很快桃树开始出问题，他发现是自己种植技术不行，管理跟不上，只好查手机、到处打听别人的经验，现在父母在帮着打理桃园。可惜对于这个桃园，王磊常常照顾不上，作为王石河村书记，他这些年带着村民修路、搞道路硬化、给村里拉电，装变压器、自来水……行政工作占据了他大量的时间，桃园套袋之类的工作，往往需要雇人来干，就大大增加了成本。

2019 年，王磊从临沭县青云镇一个搞纸箱包装的亲戚那里得到消息，可以搞塑编工作。他先是自己去学习，然后再介绍本村的一些妇女去学习，边干边学，一天 80 元，管吃。2020 年青云镇的老板就让王磊在王石河村设了一个点，派老师过来教学员塑编手艺，大家学会了开始拿计件工资，目前已经有四十多位员工，全是妇女，年富力强的员工一个月能挣六千多。2022 年 5 月 9 日，王磊注册了莒南源磊塑编有限公司，注册地位于临沂市莒南县相沟镇石河村村委后，王磊是法定代表人。其经营范围包括一般项目：塑料制品销售；针织或钩针编织物及其制品制造；塑料制品制造；家用纺织制成品制造；家具制造。（除依法须经批准的项目外，凭营业执照依法自主开展经营活动）

这次王磊找对了路子，他的这个操作引来了村里的一致好评。

一直以来，相沟乡这边与其他地方相比，农民土地多，原来很多人除了种植庄稼，都在当地的各个石头塘和石子厂工作，收入不错，因此很少有人外出打工。但是自从石子厂都停工整顿，当地没有其他工厂可以打工，近三四年来，外出打工的人逐渐增加，村子里剩下的就只剩下老年人和妇女儿童了。塑编公司在传播塑编新技术的同时，解决了农村留守妇女的工作问题，比较好得促进了一些外出打工的农民的回流。因为男性劳动力外出打工后，以前由男性承担的一各项劳动就要转落到妇女的肩上，使留守妇女在角色定位上由原来的"主内"转变为后来的既"主内"又"主外"。她们既是家中主要劳动力，又是家庭大小事务的决策者，成为家庭生产生活中的顶梁柱，劳动强度增大，压力增大，不利于家庭稳定，更不利于农业新技术在农村的传播。

由于王磊的书记身份，他对于政府的政策比一般人更了解。2019 年以后，莒南县又采取各种措施鼓励农户养猪，王磊又带头跨进了养猪行业，与他一同进军养猪行业的还有本村普通农户王乐祥，但是差距是很明显的。王乐祥已经六十多岁，此前并没有多少养猪经验，就贸然进入这个领域，结果在这两年生猪几次疫病中一再中招，损失惨重。而王磊"不养则已，养则惊人"，仅仅关于喂哪一家饲料公司的猪饲料问题，他在一年内就找了七八家饲料厂进行各种数据对比，研究猪肉饲料比，乳猪喂什么饲料不容易生病还长得快、肥猪用哪家饲料出肉率高……他迅速成为王石河村生猪养殖业的领军人物，同村人看他去拉饲料的时候，都让他一并给买回来，"你喂啥饲料，我们就喂啥饲料"这是同村养猪户的心声。他一直义务给大家拉饲料，从未加价。

第五节　农业创新传播过程中产生的意见领袖

济南市莱芜区何官庄村受人口外流影响更大。作者持续关注何官庄村温室蔬菜种植的情况，从 2004 年以后，村里后来只增加了三个温室，其中两对农户夫妇是四十岁以上中年人，一对农户夫妇是五十岁以上。都是觉得自己年龄有点偏大，不太适合出去打工了，才选择了种植温室蔬菜。在技术上，没有什么新进步。种植的蔬菜品种仍旧是西红柿、黄瓜等一些普通蔬菜。最初的 35 户种植户，规模不仅没有扩大，相反随着他们年龄逐渐增大，有的需要给儿女看孩子，有的身体不太好，开始逐渐放弃温室蔬菜种植，现在只剩下不足 20 户了。

2011 年笔者在何官庄村做调研，发现有一户比较年轻的夫妇在养殖黄粉虫，他们采用这一新技术是自己从网络上学习到的，不是政府推广的项目。新技术从知晓、学习到采纳，以及后期黄粉虫的销售，均是由农户自己完成。

村里土地上种植的农作物依旧延续着传统小麦、玉米与经济作物大蒜交替种植的状况，在作物品种上，大蒜由原来传统红皮蒜逐渐更替为白皮蒜，因为"虽然红皮蒜吃起来更好吃，但是白皮蒜个头大、产量高、卖相好、价格高"。白皮蒜在民间又被称为"外贸蒜"，意思是出口的大蒜基本都是白皮蒜。所以从大蒜的种植可以看出，新品种的扩散完全是市场选择的结果。

除了农作物新品种的扩散，还有化肥、农药等新种类产品的推广，也都是市场的力量。化肥、农药等厂家销售手段通常是：在每个村里找到合适的代理人，让代理人负责推广。比如何官庄村现任主任的家人就代理一些化肥种子的销售工作。利用人际关系，给农户赠送一些水壶、脸盆之类的赠品，进而推销产品。同村人之间本身存在一定的信任感，加上化肥这类产品短期内看不出很明显的效果好坏，买谁的都是买，因此推销相对比较容易。通过对几个村的走访，我发现村里的干部们除了是上级命令的执行者，还成为多方面的意见领袖，他们因为见多识广，交际广泛，对各类传播信息的接触频度比较高，接触量大，对新事物接触多引进早，容易在小范围内成为意见领袖。

"意见领袖"又常被称作"舆论领袖"，是拉扎斯菲尔德等在《人民的选择》中提出的概念。传播学理论中认为，"意见领袖"是指在活跃的人际传播网络中经常为他人提供信息、观点和建议并对他人施加影响的人物。他们通过经济条件好社会地位高，接触外部的最新信息，然后再传播给普通群众，是传播链条的中间环节，是"二级传播"的重要环节，同时也对信息进行过滤，对大众传播效果产生重要的影响。也就是说，大众传播并不是直接"流"向一般受众，而需要经过意见领袖这个中间环节，即通过"大众传播→意见领袖→一般受众"来实现。这就是二级传播概念的产生。农村因为受各种条件的限制，广大农民是传播中不活跃的成员，意见领袖的影响就更为突出。

意见领袖能够非正式地影响别人的态度或者一定程度上改变别人行为，他们可以在创新扩散的第一环节——知晓阶段告知他人有关新产品的信息；也可以在了解和熟悉阶段给别人提供建议以减轻别人的购买风险；还可以向购买者提供积极的反馈或证实其决策。同时，每一个社会阶层都有舆论领袖，大多数情况下，信息是在每一个阶层内水平流动而不是在阶层之间垂直流动。

农村群体中意见领袖的人群构成，可大致划分为四类：

第一类是以乡镇一级的公务员和村干部为代表的农村管理者。"村看村，户看户，群众看党员，党员看干部"。这些管理者政治素质比较高，对于党和国家的政策了解更为透彻；与农民有一定同质性，交流更频繁，熟悉农民的经济情况。王石河村的王磊就属于这一类人。

第二类是农村的知识分子，包括教师、医生、农业科技工作者等。他们文化素质比较高，对新事物的理解和接受更快，在某一方面有一定的专业技术和特长，在农村社会中受人尊敬，在思想认识上有一定的权威性。比如何官庄村的教师孙兆和，他是本村人，一直当教师，从民办到公办，村里一茬又一茬的孩子都是他教出来的，他不打学生，有耐心有责任心，因此也受到了村民的尊敬。村民有不懂的知识经常找他求教。他退休以后，依旧非常热心，经常帮村民写各类文书。有意思的一件事是，因为村民平均年龄越来越大，他这几年帮写得最多的文书居然是村民敬神烧香的时候用的"天书"，内容大致就是某信民为什么事求哪路神仙保佑。

第三类是富裕户，这是一批提前实现了富裕的群体，他们思维敏捷，市场意识和交际能力强，具有前瞻性的眼光，了解市场状况，也了解国家政策，因此往往成为领袖式的人物。我在何官庄村访谈到了一户，户主叫陈松国，他其实还不是本村人，是邻村的，因为何官庄村有个集市，在方圆几个村中属于比较发达的地方，便在集市中心位置租了房子，经营家电。我每次去村里，看到他门口摆着的显眼的"大锅"——卫星接收器，都要跟他谈一谈。十几年里他卖这个产品一直卖得很好，大多数的村民家也都安上了他卖的"大锅"。对于这个大锅政府让不让卖？法律上是如何规定的？市场上的需求如何？他都有比较精准的认识。大锅的售卖其实不合法，村民使用过程中，有多次因为频道加密而出现了信号接收问题时，他还以维修名义每次加收二十元。

第四类是一些外出打工人员和外出学习人员：近年来村里到城市打工的越来越多，去国外打工的也不少，他们基本属于农村群体中整体素质相对较高的人，年富力强，外出的闯荡生活开阔了他们的眼界，增长了见识，积累了技术和经验，也提高了收入。在一定程度上，能将在外面学到的信息和技术，带回农村。再加上他们对家乡的资源、市场、商机比较熟悉，返乡创业成功的机会较多。何官庄村就有一个这样的例子，叫何春玲，本来是比较木讷内向的性格，后来出国打工两次，前后有五年的时间。出国几年，不仅赚了劳务费，还锻炼了表达沟通能力，回国后在村里开了一家超市。还有一户，夫妻两个年轻时在济南打工，后来就回了村里，开超市，同时还最早开始在网上卖衣服，第一个在村里申请快递点。

这些意见领袖绝大多数本身就是农民的一分子，同农民关系密切，能成为农民群体中的榜样，可以对各类信息进行细致解读展开二次传播，在传播效果上更能深入人心。

不过，从这两个案例可以看出，农民工返乡创业，在没有政府支持的情况下，仅仅依靠农民个体，可以取得一点成就，但很难发展起规模化的种植业或者养殖业。因为首先返乡创业者极少有学历比较高的农民，对于一些初中或高中毕业就外出打工的年轻人来说，在外打工虽然见识比较多，但是因为学历不高，从事的工作非常有限。以何官庄村的村民为例，外出打工的以建筑装饰行业为主，个别人能在某一个方面获得比较高的收入，比如进入大一点的装修公司成为专业的装修人员，而大部分人其实就是在城市里打零工，农忙时回家里务农，不忙时出去打工，因此并没有十分稳定的收入，也没有学到比较系统的知识。

其次是要创办一个产业化的企业，除了懂生产技术，还要有足够应对市场风险的能力，农业本身是生产周期比较长的产业，应对瞬息万变的市场就比较艰难，单个农户对市场信息的收集能力也弱。小生产与大市场想要实现有效对接，是相对艰难的。所以往往一些返乡创业的农民会积极参加一些合作组织或中介组织，依托一些企业或组织，进行农产品以及农业生产资料的购销、或者建设发展特色种养基地等。因此这些返乡创业的农民往往具备亦工亦农亦商的特点，在传播信息、推广新技术方面具有一定优势，可以有一些成就。

第四章　传播渠道对创新扩散的影响

第一节　农民的信息需求

从信息的消费过程来看，信息需求是传播的起点。根据大众传播学的理论，信息传播的过程是传播主体即信息源将信息编码后，通过某种渠道传递给受众，受众进行解码，再通过该渠道反馈给传播主体的过程。不同的受众，在不同时期，其信息需求并不相同。从调查数据看，农民需要的信息种类包括实用技术信息、农业政策信息、市场信息、气象信息、动植物品种信息、法律法规信息、子女教育学习信息等。谭英等学者将贫困地区农民信息需求归纳为四类：宏观类信息、实际操作类信息、科学知识类信息、市场类信息。当然，不同年龄段的农民对于信息的需求是不同的，从事农业生产的农民最关注市场信息，老人更关注医疗和养老有关的信息。

从社会的整体发展来说，随着我国农业综合生产能力的提高，农村改革不断深化，农业现代化发展步伐从未停下，农民对于信息的需求应该是巨大的。但是实际情况是，很多农民并未意识到自己的需求满足还是没有满足。根据彭光芒调研发现，农民对农业科技的热情是比较缺乏的，尤其青年农民，强烈的职业流动愿望使他们对于学习农业科技非常被动，更愿意到工厂上班或者外出打工。究其原因，一是农村信息市场发育落后，信息内容单调，信息技术的实用性较差，很多信息对于经营规模小的农户不适用；二是农民自身素质的问题，农民的信息素养和媒介素养都有待于提高。

农村涉农信息需求问题有着深刻的背景。一般说来有以下几个方面：

1. 城乡二元治理结构抑制了农业信息需求

我国城乡二元治理模式导致了对农业和农民的过度索取，挫伤了农民发展农业生产的积极性，抑制了农民对涉农信息的需求。很多农民跟调查人员算过农业的经济账：种植粮食作物，基本就是饿不死的状况。种植经济作物，也经常要看天吃饭。小麦从新中国成立以后，从一两毛钱到一块多钱，只涨了十倍。可是看看其他工业品的价格，看看通货膨胀率，"当农民有什么前途"？从思想上，农民认为在家种地的都是没有本事没有能力的人，家里的孩子，只要能考上学到了城市里，是无论如何不让回家来发展的。曾经有一个大学毕业生想回家搞养殖，但是父母无论如何不答应，甚至以死相逼，最后不得不放弃。对于"农民真苦、农村真穷、农业真危险"的呼喊，农民是有切身感受的。

1953 年至 1978 年的 25 年间，国家别无选择地通过工农业产品价格"剪刀差"从农民身上获取 6000 至 8000 亿元，为我国城市工业化奠定了基础。而改革开放后的 1980 年至 1998 年的 18 年间，"剪刀差"更是有增无减，增加了近20倍。不仅如此，农民一直是一种身份，而不是一种职业。而对于农民工的报道"刻板成见"，也曾是多少专家学者研究的对象。

2. 小农经济生产方式影响信息需求

一家一户分散经营的小农经济生产方式阻碍了先进的农业科学技术和经营方式的落实，也影响了农民对涉农信息的需求。农民对于很多"无土栽培""水传感器"之类的科技信息是感兴趣的，但是因为各种条件的限制，分散经营的模式使得农民很难有机会真正实施，不能带来真正的经济效益，慢慢地农民就对这类信息不感兴趣了。比如滴灌技术的扩散，滴灌技术是20世纪60年代就被发明出来的一种节水灌溉技术，已经算不上什么最新科技，很多农民也都听说过，也知道这种办法具有省水增产的功能，但是滴灌系统整体而言造价较高，在使用过程中还会出现杂质、矿物质导致毛管滴头堵塞的问题。最主要的问题是，每一户农户的土地面积都有限，有些村庄人均一亩地都不到，小面积的土地经营，本身就比较利益低下，农民很难采纳相对昂贵的滴灌系统。因此，现在大多数农民的灌溉方式，还是大水漫灌的传统方式。

3. 农民文化素养限制了信息需求

偏高的年龄结构、较低的文化水平，限制了农民对涉农信息的需求。对于年龄偏大、文化偏低的农民来说，没有技术人员的具体指导，再好的科技信息也难获益，而事实上老年化问题在农村已经相当严重。分散的小农经济本来就难以实现与大市场的对接，更何况是没有高文化高素质的农户呢？很多商品在城市里明明价格很高，可是一家一户分散经营又不懂利用商业信息的农户只能让依赖中间商的收购，中间商从中"扒皮"，吃亏的还是农民。目前，农村的青壮劳力纷纷进城打工，留在农村种地的农民不能说是"老弱病残"，但是年龄大都在 40 岁以上，文化大都在初中以下。他们不是不知道农业信息的重要性，但是文化素质的限制对信息辨别真伪的能力普遍偏弱，对于信息的真实性、滞后性等很难有理性的认识。还很容易出现"合成谬误"问题，每当一种农产品涨价，马上就出现"扎堆"生产现象，导致了集体性无理性行为。屡次吃亏以后，对于信息的需求反而下降。

第二节　农民信息渠道研究

农民获取涉农信息的渠道，是随着时代变迁而不断变化的。新中国成立以后，电视机还不普及的时代，农民信息来源，除了政府指令和任务的下达，就是书籍、广播。20 世纪 80 年代以后，随着电视机的逐渐普及，人们的注意力转向电视。电视中的一些农业农村的节目较受欢迎。另外，县、乡举办的一些"科技下乡""科技入户"活动，无论是哪个层次的农技培训、讲座，农民的参加都是很踊跃的，其实这能够反映出农民信息需求得不到满足的问题。80 年代以后，商业广告发展迅速，涉农企业的新产品推广宣传，农作物、化肥、农药新品种推介，也成为农民信息来源的一部分。但是各个地方的一些信息热线，农民的认知度都很低。可见在获取涉农信息方面，农民可以被动接受不请自来的信息，却很难主动去寻求需要的信息。农民一致认为很多信息对他们"有用，有好处"，"农村最缺少这样的服务！"但是能主动向有关部门打听、询问、了解涉农信息人数，往往不足 5%。在我们调查的何官庄村的案例中，只有最早开始采纳温室技术的几户农民才通过广播、电话，甚至到农业大学去找教师学习的方式进行学习。这部分农民，其共同特点是文化水平高、素质高、脑瓜活、敢冒风险，被村民称为"能人"。

一、信息渠道集中化态势

近几年在对农民的走访调研中我们发现，农民获取信息的渠道呈现集中化态势。当前农民在获取政策信息、市场信息等各种类型的信息时，获取信息的途径主要是手机、电视、朋友、村领导等。在获取政府政策类信息时，68.4% 的农民依赖手机，然后是电视，最后是村领导和朋友，当然来自手机的政策类信息是否真实准确，这是另一个问题。而在获取市场信息时，依赖朋友的最多，占 57.8%，其次是手机，最后是电视和村领导。而传统的大众传媒如报纸、广播等都很少被利用。

农民信息获取渠道的集中化原因，一是媒介资源供给偏向问题，造成农民其他信息获取渠道的缺失。大众传播的最早媒介形式——图书、报纸、期刊等为主体的印刷媒介，在我国农村一直影响力非常有限。这里既有文化程度的限制原因，也有农民经济收入低、媒体销售网点少的原因。广播媒介本来可以以无线接收、设备便携、伴随收听等特点成为农民欢迎的媒体，但由于农民广播收听设备普及率偏低、农民收听习惯限制广播优势发挥以及专业内容开发问题导致了农民广播接触度并不高。

电视媒体又有其独特的地方，谭英在 2002 年—2006 年对我国中、西、东部的 27 个省、自治区、直辖市地区的广大农村进行了中国乡村传播的实证研究，他们的调查结果显示，农村电视机的拥有量及普及率几乎接近 100%，但是农民仍旧感觉信息不灵通。传播学研究学者认为其客观原因是"农户日常媒介接触行为习惯与媒体科技信息传播的时段冲突，造成信息供给与需求错位"，主观原因是"大众媒介是'自上而下'的信息传播体系，农民长期处在被动接收信息的地位。媒体从业人员高高在上，对不同收入类型农户的信息需求缺乏深入了解，常常根据媒体自身宣传、工作及利益需要选择或自认为受众需要的信息，导致农村信息传播过程中出现'传播的信息不能到达真正需要它的地方，而真正需要信息的受众又无法获取到相应信息'的怪现象，造成传者与受者信息不对称"[①]。

我们在调查中也发现同样的问题，农民收看电视节目的时长并不少，但是他们从电视中获取的农业政策信息和有用科技信息十分有限，很多农户认为，电视媒体能够告知他们一些信息，但是转瞬即逝、不易保存，无法反复观看，有时候理解不了。村委会印发的资料和亲朋好友茶余饭后闲聊得知的信息更能理解和接收，可见人际传播渠道在技术信息传播中占据着重要地位。

第二个原因是相对于普遍提高的农民生活水平，手机价格却越来越低，手机在农村的普及比较快，手机在信息获取上的应用越来越广泛。短短几年时间，手机就以其高效便捷便宜，逐渐取代了电话，成为人们日常通信工具。而且手机的功能不断增加，农民对"网络""流量"等信息技术名词也不再陌生，利用手机获

---

① 谭英. 中国乡村传播实证研究 [M]. 北京 : 社会科学文献出版社 ,2007:215.

取信息越来越方便。

手机作为新媒体，与传统媒体相比，在信息传播上确实有着独特的优势。现代手机技术可以将农业科技知识以图文、音频、视频等多种形式展现给农民，手机容易携带，手机上的信息又能收藏保存，能让这些信息可以随时随地反复研习。

媒介技术的变迁与传播技术的革命与社会文明的变迁存在着同步关系，手机媒体的发展让我们看到了农村新技术传播更强大的力量。社交媒体迅猛发展的时代，媒介赋权正让普通人参与知识生产与传播的门槛不断降低，这打破了原有的知识传播格局，营造出新的传播场域。现在又有了 5G 技术的加持，知识传播呈现出完全不同的格局。

比如短视频的发展，就让知识传播模式走向视频化。清华大学新闻与传播学院曾两度联合抖音发布的《短视频与知识传播研究报告》显示，短视频行业自 2019 年起开始布局从"娱乐化"向"知识化"的生态转型，目前短视频已成为知识普惠的重要路径和窗口。在社交媒体蓬勃发展的环境下，各类信息渠道聚力于知识传播价值博弈，呈现出传统媒体与新兴媒体、传统互联网与社交网络的白热化竞争。2020 年，哔哩哔哩正式划分出"知识区"大类，同时字节跳动旗下的西瓜视频也挖来一众头部知识创作者。好看视频提出了"帧视频"的概念，以期提高视频在短时间内能为用户提供的知识增量。现如今，以抖音、快手为代表的短视频平台也纷纷涌入这场知识浪潮之中，比如"快手新知播"就是快手在布局泛知识内容的重要一步。抖音、快手正是农民接触最多的平台，这些平台上涌现出越来越多的"知识网红"，不同层次的专家学者都参与到知识的直播与短视频创作当中来。

二、知识向"泛知识"的转变

伴随数字经济的发展、5G 技术推广、疫情带来的变革等，"泛知识"概念兴起。这类广泛的、超出传统书本、课堂的知识类型在不断拓展着知识传播的边界和形式。生活技能、科普知识、历史讲解、美食制作都可以划入"泛知识"领域。知识供给的广度、深度、适用度无限扩大，知识以更通俗易懂的形式流动起来，知识的传播变得更加便捷。

在这个变动中，知识的价值在流动中不断体现。这是知识生产主体多元化与知识传播渠道便捷化的结果，知识得以在时间和空间维度上变得更加可感、可触，从而形成更加立体化知识生态。学者王晓红认为，知识的生产和传播已经从"金字塔上专家学者"转向了"网状节点的人人智者"，每个人都可以分享属于自己的知识。[①] 学习的场景不断拓展，更多体系化、可供学习的内容被不断地提供用户，这大大促进了公众知识素养的提升。

以协作、共享为基础的社会网络使知识传播突破了传统的传播模式，"泛知识"内容得以在更大范围内扩张和流通。这对于农村而言，无疑是一个加速发展农民信息素养的好时机。谢慧铃曾分析以"知乎"为代表的问答社区，认为其推动了知识传播的去中心化、扁平化和精准化。2021 年，CNNIC 发布的报告显示，网络视频、短视频用户使用率达 90％以上。泛知识类短视频中，知

---

① 王晓红. 短视频塑造了新的知识生态系统 [EB/OL]. 前沿观点 .2019.https://www.sohu.com/a /361667446_120100424.

识呈现的人格化、隐性知识的显性化和复杂知识的通俗化成为短视频时代知识传播的主要特征。不难看出，在社交媒体环境下，用户自主进行生产、传播、分享知识的积极性和创造性大大增强，知识分享与互动创新已成为知识传播的新趋势。

传统媒体时代，知识生产者与受众之间有着不容易逾越的"鸿沟"，专业的知识生产者根据规则通过自行的选择将知识进行加工生产，受众很难与知识生产者实现真正的交流与沟通。而在新媒体平台上，知识以一种"短平快"的方式呈现，使得用户能在碎片化时间快速理解和消费。一批爆红的科普账号在内容创作上都具备一些共性，比如传播者多具有独特的个人风格；语言表达轻松幽默，往往能将高深知识通俗化；选题直击用户盲点，紧密联系当下现实；剪辑画面设计流畅，知识呈现方式多样。这些人格化与通俗化的传播内容不断推动着枯燥知识趣味化、专业知识大众化，从而在潜移默化中提升着公众的信息素养与知识素养，助力知识普惠常态化，提升人们在数字化社会的知识运用能力。

三、社交媒体激发农民的知识传播热情

社交媒体作为一个开放性的内容生产、传播的网络社区，去中心化与开放性的网络连接激活了用户共享知识的欲望。社交媒介环境中的用户有两大基本需求，一是自我表达，二是寻求参与。从自我表达来看，用户参与知识创作的热情不断提升，知识传播走向平权化。在抖音、快手等平台上，除了知名院士、专家学者、行业精英，越来越多的民间高手和知识爱好者也涌入了知识创作领域，他们共同创建日益繁荣的泛知识内容生态。从寻求参与来

看，用户参与互动交流的地位凸显。

参与是促进知识传递和共享的重要一环，用户不仅在平台中充当着内容生产者、传播者的角色，同时也以消费者、提问者的身份介入互动。现在的直播平台上，用户不仅可以观看知识直播，还可以通过平台上"连麦"的功能与主播互动交流，重新突出了对话参与的价值。通过多维联动，能实现主播与用户、主播与主播的即时互动，提高了知识传播的层次。这说明在知识传播领域，直播这种低门槛、即时性的技术手段助推着知识以即时传播与多元互动的形式呈现，用户摆脱了被动接受的角色，主动介入到知识的生产与传播中。在获得知识的同时，观众的疑问也能得到更直接迅速的解答。因此，社交媒体正成为用户对话交流和知识协同的新平台，知识传播不再是简单的知识流动，更是多方参与生产和互动的"知识场"。

根据中国互联网络信息中心 (CNNIC) 的数据，截至 2022 年 12 月，短视频用户规模首次突破十亿，用户使用率高达 94.8%。2018—2022 五年间，短视频用户规模从 6.48 亿增长至 10.12 亿，年新增用户均在 6000 万以上，其中 2019 年、2020 年，受疫情、技术、平台发展策略等多重因素的影响，年新增用户均在 1 亿以上。

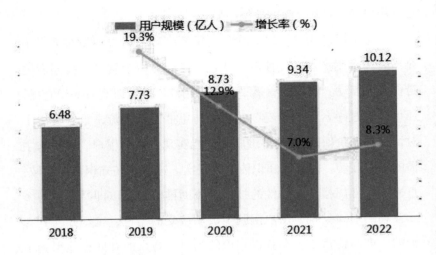

2018—2022 年中国短视频行业用户规模图（单位：亿人）

数据来源：CNNIC 中国互联网络信息中心

　　快手 App 是中国流行的短视频和直播应用之一。作为普惠的数字社区，快手不仅让数亿普通人记录和分享生活，更帮助人们发现所需、发挥所长。快手给更多三四线、农村的普通人供了展示的平台。"真实故事计划"作为国内领先的原创媒体机构，从 2017 年发布了《在快手，亿万种活法》，开启了对快手为期四年的深入观察，2021 年出版了《快手人类学》，书中指出，快手对中国社会各行个也有着像素级的记录，仅 2019 年就有超过 2.5 亿人在快手平台发布作品，累计点赞超过 3500 亿。他们从人类学文化立场出发，研究原来"沉默的大多数"——由于语言差异、身体状况、教育水平、出身条件、谋生能力、族群归属等重重局限而原本沉默的群体，他们终于在快手平台上，找到发声表达的机会。快手上的创作者们出于各种不同的原因和心里，有人为了躲避孤独，有人为了排遣寂寞，有人为了分享生活，有人为了实现梦想……到处可以看到农民种粮食，渔民抓鱼，老奶奶做传统菜肴等等各种视频。

也许一开始人们只是在快手上展示多元化的内容生态，但是很快，随着直播电商的崛起，许多快手主播成功致富。南京大学邓国基认为，主播在直播间里说说笑笑看似轻松，但其实他们是在通过情感劳动来博得观众的欢心和打赏。然后主播们逐渐从视频里植入商家广告赚取广告费这种比较原始的方式走出来，意识到知识的力量，比如一位卖了多年汽车的主播在直播中把自己买车的经验传授给直播间的粉丝，成功帮助 4S 店卖出几百辆车。很多住在乡间、文化程度不高的人通过很多质朴的文案、接近粉丝熟悉的日常生活的展现方式引起共鸣，继而传播不同领域的文化。

四、"知识带货"模式促进技术进一步扩散

随着网络经济发展，技术与知识在网络传播的模式不断发生变迁。知识付费作为将知识变现为产品和服务手段，最初在教育、出版以及资讯行业大放异彩。随着互联网技术的发展与移动终端的普及，在线知识付费逐渐成为主流。2016 年可以算是"知识付费元年"，知乎、果壳、得到纷纷推出了自己的知识付费平台，涌现出付费问答、付费讲座、订阅专栏等付费形式。各类音视频平台也紧随其后，如喜马拉雅就推出了付费音频，并取得了不错的表现。在快手等社交媒体平台，创作者多以短视频为切入点，通过趣味性的知识讲解吸引关注者；再利用直播实现实时教学，答疑解惑。用户直接通过创作者主页，购买其制作的课程，走的是

"内容带课"模式。但随着付费用户的饱和，主要领域内的付费课程大批量生产，内容也日趋走向同质化。艾瑞数据显示，中上游知识付费产品的复购率仅为30%。

如今，随着"知识＋带货"融合趋势更加深入，知识传播有了新的变现渠道。"人、货、场"是电商直播里最为基础的三个要素。由此来看，"知识带货"指知识型主播通过专业权威的知识讲解促使用户在特定的知识和文化的场景下完成商品购买的过程。在用户冲动消费和信任下降的背景下，"知识带货"消弭了以往直播带货煽动性、刺激性的属性，切合了商家品牌升级的趋势，能带来长尾的经济效益。很多平台不断创新，打通了知识大咖、商家机构与平台的付费链条，通过知识主播的内容讲解为商家产品背书，掀起了"知识带货"的热潮。

从"内容带课"转向"知识带货"，知识付费进入了新的发展阶段。对于知识传播而言，付费平台在进行"知识带货"的同时也要求向用户输出更具专业性、通俗化的知识内容，对于知识主播也提出了更多要求。知识的价值被细化到具体的商品当中，也将进一步激活知识生产、传播的内生动力。用户也不仅仅是消费者，更是学习者。在消费的同时也能接收到知识内容的沉淀，促进知识在不同传播场景中下沉。

因此，我们还是要回归到"泛知识"的概念上来，"泛知识"相对于大众媒体时代的"专业知识"，具备不同的特点：

一是知识生产者的泛化，社交媒体时代到来之前，知识生产者主要是有资质、可信赖的科学家、教授、专家等专业人士，而在社交媒体时代，知识生产者则泛化至所有人——几乎每个人都能传播各类信息，生产者既有专业人士也有非专业人士，知识生产者往往同时也是知识消费者；

二是知识传播者的泛化。大众媒介时代，大规模知识传播主要由期刊社、出版社、学校等专业机构执行，他们传播的知识产品需要专业编辑的层层过滤和把关，而今，知识传播者则泛化至网络中所有节点——不管这个节点是机构还是个人，对知识的筛选过滤权也转移到网络中每个节点上。网络节点的每一次关注、转发、点赞、停留等均会被算法捕捉到，作为对知识产品筛选排序的依据；

三是知识的形态泛化。网络技术将学习知识的门槛降低，让知识以各种形式和更多样化的方式传播和流动。知识被切割成碎片，填补在受众的碎片化时间之中。智能手机的逐渐普及，让人们可以在公交、地铁、餐厅等各种场所随时随地听书、听音乐、看书、看视频，方便快捷地获取各种新闻资讯和信息资料，实现了碎片化学习。在这种情况下，知识精英和业内有经验的工作者都可能称为网民熟悉和喜欢的知识网红。这也正是快手平台的活力与生命力之所在：在泛知识的双向流动中，"新知即常识"——隔行如隔山的时代，别人的常识，可能是我们的新知；我们的常识，也可能是别人的新知。

从技术上而言，知识付费的兴起又为知识网红提供了一条商业化和市场化的发展道路，他们可以通过付费课程获取高额回报，激励着他们将更多的精力投入到网络课程生产上，从而推动了网络知识服务的专业化发展，使知识网红成为移动互联网时代的风景线。

根据快手发布的《2022 快手泛知识内容生态报告》，泛知识在各地区之间流动，也在代际间传递。比如 60 后用户发布的汽车养护和维修知识最受 90 后的欢迎，而 70 后用户发布的语言教育内容最受 00 后的欢迎。这种泛知识的传播也许传播不了最新最高端的技术，但是让农民的信息素养不断提高，也降低了农民的技术学习成本。比如花椒的种植和生产技术传播，快手就起了关键的作用。90 后农民创作者"陕西富平花椒种植"，在快手上已经有 2.9 万粉丝。通过他的短视频，为粉丝们讲解了花椒的种植技术。简单直观的短视频，配上同为农民的创作者的接地气解说，让远在几百公里之外的零基础农户，也能看得懂、学得会。另一位快手创作者"收椒人"，不仅用短视频讲授花椒种植技巧，在视频中展示如何培育树苗、如何预防病虫害……而且还开通了直播，到目前为止，已经进行了 61 场直播，在直播间与观众交流花椒市场的行情。

在莒南县王家石河村的采访中，也有这样一位养猪户，叫王言广，是一位养猪能手。他从 2006 年开始养猪，中间四处学习养殖技术，外加自己不断摸索经验，养猪场的规模不断扩大。2016 年他第一次接触到快手，很快意识到快手这个平台具有的宣传作用，于是在 2017 年 1 月 13 日在抖音上发了第一条养猪视频，点赞总共 25 个，评论三条，还是半年以后才有的。随着视频拍摄技术不断提高，他开始通过快手的作品与各位同行交流行情，免费传授养猪经验，帮更多的农户科学养猪，现在已经有 4.7 万粉丝了。从 2023 年 3 月份，他又开始在快手上搞直播，从 3 月 3 日开始到 4 月 17 日，已经搞了 31 场直播。他在直播中不仅探讨养猪技术，还与粉丝交流分享生猪市场的知识，对下一步猪价变动做出预测。他的账号发展状况很好地反映了知识类短视频与直播的发展状况：仍处在野蛮生长的阶段、尚未形成系统化、链条化的传播生态与商业模式，因为这些知识类短视频虽然增强了知识的趣味性，拓展了知识的表现形式，但由于载体的碎片化，往往不能输出系统化，体系化的知识。

从 2021 年开始，快手大力发展视频搜索业务，不仅重新定义了搜索，也重新定义了快手，强化了搜索功能的快手给平台创造出更多的价值。很明显，将泛知识与视频搜索的结合将会给知识传播带来更大的发展空间。如果说发展泛知识加速了知识普惠时代的来临，那么视频搜索则是将快手流量普惠的理念发展到了极致。在新的传播模式中，泛知识内容生产和视频搜索是供给和需求的关系，大力发展泛知识内容离不开视频搜索的支持，而视频搜索能否提供准确、生动、快速的检索内容也离不开泛知识内容的补给。在泛知识＋视频搜索这一战略下，用户能够通过搜索找到自己需求的内容，而创作者则能够获得更大的流量回报和激励，形成正向循环，也能提高农民的信息搜集效率和技术学习水平。

第三节　农村信息公共服务

在新技术扩散过程中，根据罗杰斯的概括，创新扩散程式为"知识—说服—决策—使用—确认"五个阶段，第一个阶段是知识阶段，这里要考虑采用者的初始条件，包括采用者过去的经验、他所面临的与创新相关的需求和问题，采用者的创新精神和其所处的社会系统的规范，还包括采用者本身的社会经济状况、人格因素以及传播特点。

一、农村电视公共服务研究

随着农民被推入市场，农民对信息的需求越来越迫切。农民希望随时了解各种农产品的供求信息和价格变化，也希望能了解国家的相关政策，甚至希望从宏观上了解全世界农产品市场的变化情况。他们要依靠这些信息来进行各种决策，因此乡村信息化网络建设成为近年来的重要任务。从政府公共服务的角度而言，提高农业科技推广服务就需要从提高信息公共服务的水平。我们在 2000 年以后以电视公共服务为切入点进行了研究。

"随着电子技术在中国的迅速发展，电视机开始成为农村电子媒介中的龙头。"[①]电视越来越成为农民接收信息的重要渠道。当然，电视只是个工具，是个媒介，能从电视中接收到什么电视节目，这是农村电视公共服务供给的范畴。

农村电视公共服务属于农村公共服务的一个组成部分，而农村公共服务又属于农村公共产品的范畴。公共产品是经济学理论中的基本概念，是指既没有排他性也没有竞争性的产品。在现实中，真正的纯公共产品是很少的，大多数产品因为兼有公共产品与私人产品的特点，被称之为准公共产品。因此，按照产品特征，可以将公共产品分为三类：第一类是纯公共产品，同时具有排他性和竞争性；第二类是俱乐部型准公共产品，其特点是消费上具有非竞争性，但是却可以比较轻易做到排他。即对这类产品的使用

---

① 方晓红.大众传媒与农村 [M].北京：中华书局,2002:11.

可以通过收费而将不愿付费者排除在对该产品的消费之外。同时，在该产品的使用者范围之内，消费具有非竞争性，多增加一个使用者的边际成本是微不足道的，一些自然垄断行业的产品就具有这种性质；第三类是拥挤型准公共物品，这类产品与俱乐部产品刚好相反，即在消费上具有非排他性，但当消费者的数目达到一定程度时便产生消费上的竞争性，也就是说这类产品是拥挤的。

根据这个标准，我国电视的使用过程中，无限电视产品具有公共产品的两个基本特征，即非竞争性和非排他性。但是，随着有线电视和卫星电视的出现，电视台通过光缆介质和加密技术可以向观众收取费用，拒绝为有线电视付费的人就不能收看节目，使电视节目产生了排他性。因此，电视产品经历了从纯公共产品向俱乐部准公共产品的过渡。

1. 农村电视公共服务作为俱乐部型准公共产品的供给方式选择

詹姆斯·布坎南曾经把物品按照"公共性"对公共产品进行分类，他认为，公共产品的"公共性"从 0 到 100%，公共性接近 100%（非竞争性和非排他性显著）的准公共物品适合由政府供给，公共性接近 0 的适合由市场提供。俱乐部型准公共物品适合哪种供给方式呢？

首先，各级政府作为理性人，在提供公共产品的过程中会追求自身利益的最大化，可能会重视有形的公共产品供给，轻视无形的公共产品的供给，重视短期的能直接有利于绩效评估的公共产品，而不是重视投资期限长的公共产品。在这种导向之下，电视公共服务的供给就会出现短缺现象。

其次，因为政府作为一种制度安排，作为市场中的经济主体，其自身运行同样存在交易成本问题。因此，政府提供公共产品某种程度上是一个政治过程，其交易成本甚至比市场制度下的成本更为昂贵，这表现为现实中政府的种种"政策失败"。

因此，准公共物品的有效供给不能依靠某一种单一的政府供给模式。从公平与效率的角度考察，政府供给重在公平，市场供给重在效率。如果新的市场主体进入公共产品提供加强市场竞争，势必能提高政府的效率和资源的充分利用。政府和市场既分工又合作，便可将二者的有效性有机结合起来，并通过这种有机结合实现社会的和谐发展。

准公共产品能否由市场有效提供，要看一个排他成本问题。对于排他成本高的准公共物品，私人资本一般不愿意生产，因为"搭便车"现象会比较严重，会使收费比较困难。排他成本低的准公共物品，私人生产就比较容易。电视公共服务这一类型的俱乐部型准公共物品是具有非竞争性但有排他性的准公共产品，一般属于排他成本比较低的准公共物品。所以，引入市场机制是非常合适的。

2. 正在构筑的农村电视公共服务

1998年以来，为了解决部分农村地区收听不到广播、收看不了电视的突出问题，发展改革委、财政部、新闻出版广电总局共同组织实施了广播电视村村通工程。截止到2005年底，我国共投入建设资金34.4亿元，运行维护费0.4亿元，完成了11.7万个行政村、10万个50户以上自然村"村村通"建设任务，并修复了1.5万个行政村"村村通"工程，解决了近1亿农民群众收听收看广播电视的问题。2005年，新闻出版广电总局又启动了"村村通"

卫星直播（DHT）试验系统。2007 年，中央政府再次投资 107.5
亿元支持"十一五"计划期间村村通项目的建设和改造。

在一系列操作措施之后就，农村电视公共服务的体制机制发生
了很大的变化，逐渐从适应计划经济体制转向适应市场经济体制。

在财政方面，各级政府筹款的方式也在发生改变。如《"十一
五"全国广播电视村村通工程建设规划》，除中央政府安排的补助
资金外，省市两级政府负责解决 20 户以上已经通电的自然村"村
村通"工程建设资金，并切实落实修复"返盲"设施资金；省、
市（地）、县（市）级政府分别负责解决转播本级广播电视节目
无线发射转播台站的机房和设备的更新改造资金。国家给予建设、
经营县以下农村有线电视网络的单位给予一定期限的税收政策扶
持。对用于覆盖农村地区的广播电视节目发射台、转播台和检测
台的用电，执行国家规定的非普工业类电价标准，不执行峰谷分
时电价政策。在国家广播电视机构控股 51% 以上的前提下，鼓励
国有、非公有资本投资参股县级以下新建有线电视分配网和有线
电视接收端数字化改造。在自愿的前提下，可以向农民筹集部分
资金用于本村的广播电视设施建设。

尽管政府为农村电视公共服务做出了很大努力，但我国农村
电视建设还处在较低水平，一些偏远山区还处在电视覆盖的"盲
区"。据国家统计局统计，全国新通电行政村和 20 户以上已通电
自然村中海油广播电视覆盖"盲村"70 多万个。早期建设的"村
村通"工程，由于受当时经济技术条件限制，投入少、起点低，
通过无线方式覆盖的广大农村地区实际覆盖效果滑坡严重。无线
覆盖是农村广播电视覆盖的主要方式，但承担中央和省节目对农

村地区无线覆盖任务的发射台、转播台资金投入不足、设备老化、日常运行维护经费缺乏，导致广大农村地区中央和省广播电视节目无线覆盖成为薄弱环节。农民接收电视套数少、质量差，满足不了农民群众的迫切需求。

"村村通"工程的投资力度很大，但这还是政府行为。政府作为当时我国农村电视公共服务唯一的供给主体已经表现出某些弊端。

首先，政府作为农村电视公共服务的唯一供给主体，供给效率相对较低。针对"村村通"的发展，作者在2007年—2008年在莱芜市进行了调研，"村村通"开展以前，这里由于长期没有有线电视，农民一直靠普通天线接受电视节目，但能收看的节目套数并不多，天线质量好的能收到中央一套、山东卫视、莱芜电视台等六七个频道，差一些的只能收到三四个频道，而且接收质量也不稳定。"村村通"开展以后，花260元初装费安装了有线电视的农户说，可以接收到36个频道了，但是这36个频道中，单单是山东台和莱芜台的频道就占了十个之多，虽然比以前有所进步，可是距离自己的期望还是有点差距的。可见，有线电视作为俱乐部型准公共产品，虽然通过技术实现了排他，但是政府作为供给主体，提供的服务内容还有待丰富。当然，这是个案研究，这个调查的内容不能做推论，但这反映出政府在提供农村电视公共服务过程中存在的某些问题。

其次，作为"理性经济人"的农民，在信息的购买和使用上会遵循收益最大、成本最小的市场原则。虽然农民不能影响"村村通"工程中提供的电视频道，但是他们可以选择安装或者不安装有线电视。还是以莱芜的农村为例，2007年前后村里的很多农户自行添置了卫星接收器，能接收到的电视频道远远超过有线电视提供的频道数量，一般都是在 40 个以上。在价格上也不同，卫星接收器的价格在 160 元至 300 元不等，而且是一次性投资，就算是最早期的铁材质的，也可以用三年以上。而有线电视初装费是 260 元，另外每月还需要交 10 元的收拾维护费。相比之下，卫星接收器大受欢迎。

2006 年到 2011 年之间作者也在临沂市莒南县相沟乡做了有关有线电视发展的调研。因为临沂市是山东省内农村有线电视发展较先进的地级市之一。1996 年，临沂市委、市政府成立了"村村通有线广播电视领导小组"，采取承建单位自筹一块、县财政配套一块、镇村集体补贴一块的办法，推进"村村通"有线广播电视工程。到 2006 年，临沂市已经架设光电线路 1.5 万公里，开通行政村 4900 个，发展农村有线电视用户 47 万户。

莒南县相沟乡 1998 年开始为农户安装有线，第一批全乡通了十四个村，当时共有 54 个行政村，户数占不到 10%。王石河村在 2000 年铺设了有线电视网络，到 2006 年的时候全村的安装率达到了 70%。但是，很快，卫星接收器（非法卫星天线，俗称"锅"）开始威胁到有线电视的地位。卫星接收器可以对着的卫星包括亚洲三号、中星 6B 和中星九号，当地销售商给农户调的大多是对中星 6B，接收到的节目在 70 个以上，销售商称"调全了可接收到一百多个频道"，村里原先没有安装有线电视的用户开始购买"锅"，已经安装了有线电视的人家也开始动心。

已经安装了有线电视的人家也想要买，还不仅仅是对有线电视的费用有意见，这里刚安装的时候每月收费 6 元，后来调到 8

元，对于这个比较富裕的村庄来说这笔费用不是很大的负担，主要原因是对有线的信号越来越差非常不满意。相沟乡广播电视站的工作人员谈到有线线路的维护时透露出很多无奈。2000年前后有线电视的安装办法是几个村共用一个接收器，雷雨天放大器很容易遭到雷击，一出问题就影响到几个村的信号接收问题。并且这种几个村共用接收器的情况还受供电的影响非常大，如果安装接收器的村子停电，那么其他几个村也看不到电视了。2004年以后安装的有线电视才变成4户一个接收器，可惜2004年以后安装得已经比较少了。

另外，还有一个问题，就是有线用户入户线由以前的串联方式改为了并联方式，虽然能使用户的电视信号互不影响，可是由于分线箱的输出线路多（特别是用户暗线），在施工中又没有标志，这就给后面的维修、报停和收费造成不便。还有一个不可控的问题，就是每到过年过节一些在外地工作或求学的人回老家，会偷偷将线路剪断分岔，用分线器多接出一个甚至几个头来，方便家里几台电视共用。线路被剪了以后，由于广播电视站缺乏足够的经费无法及时更换新线，广播电视站在遇到这种情况的时候，只能将被剪断的线重新接起来，重新接过的线路信号就会变弱。一些地方的有线电视网络已经安装了近十年，很多线路被剪了又接，反复多次，导致信号越来越差。广播电视站只有四名工作人员，各个村经常打电话来要求微信，他们分身乏术，很难在第一时间及时赶到。由于有线电视信号越来越差，维修服务又不及时，农户意见很大，有的农户以信号不好为由拖延或者拒交有线电视费。收费难度越来越大，这些损失乡广播电视站都要承担。经费越收不上来，维修就越困难，这成为一个恶性循环。

而同时各种非法的卫星天线越来越多，王石河村安装"锅"的农户已经占了 20% 多。相沟乡广播电视站站长表示很头疼，"很明显，大锅越安越多，用着比较实惠。虽然我们也查处过，但是很难清除。"连续几年，相沟乡每年搞一次统一行动，到各个村里去查"大锅"，一般是给予没收，没有罚款。但是工作成果并不明显，相沟乡政府的人说有线电视的推广和大锅的查处虽然属于他们每年业绩考核的内容，但是占的比重并不高，所以每次只要查到三五个"锅"，多少有个交代就草草收场了。平时广播电视站的人在进村收费或者维修的过程中也有查处"锅"的任务，不过这个任务基本是完不成的。广播电视站站长说正常的程序是发现了"锅"以后，先要给农户发自行拆除通知书，如果农户不肯自行拆除，再给处罚通知书，到农户家拆除的时候要有两个以上有执法证的才可以行动，可是广播电视站四个人中只有他一个人具有执法证，而他一个人是不能进行拆除的。

这个调查也再次证明了政府作为电视公共服务的唯一供给主体，供给效率比较低的问题。公共财政是市场经济体制下政府按社会公众的集体意愿提供市场机制无法有效提供的公共物品满足社会公共需要的经济活动或者分配活动。因此政府的公共支出行为是由政治制度安排和决定的。由于政府追求的是社会效益而非经济效益，因而农民真正的需要容易被忽视，才导致了供给效率的低下。

而卫星接收器作为市场供给的产物，在与有线电视竞争时，就表现出了其强大的竞争能力。不仅是有线电视，之后开始推广的数字电视也是同样的问题：仅仅依靠行政命令推广，效果是很差的。数字电视的宣传资料通过政府渠道，从镇政府或者市里的工作组直接发到村委会——政府在推广过程中也有人员推广，比如在莱芜农村，数字电视推广采取了专门工作组的方式，但工作组的工作人员人数比较少，并且在实际工作开展中收费和网络维护问题占用了大部分精力，进一步推广的可行性措施几乎拿不出来。当时村里的书记说："我顶多保证我家安装数字电视，或者再好一点，要求党员们安上，普通村民确实很难说了。"而"锅"在农村的发展，一开始走的就是商业化路线，会采用实物广告和户外广告的形式进行宣传，在销售过程中有各种针对销售商和顾客的促销手段，零售商也有比较好的售后服务。一位家电销售商说"大锅有一段时间是我这里卖得最好利润率也最高的商品，最一开始是一些富人安装，那时候一个大锅可以卖到1200元，后来随着普及逐渐降价，从1000到600到300，现在只要二百多就可以了，但是属于一次性投资，所以安装的老百姓非常多。"

二、农村网络公共服务与市场供给

2010年之后，随着网络和智能手机的发展，"大锅"也逐渐淡出人们的视线。随着互联网的发展，农村逐渐开始应用运营商的网络，一般装宽带的套餐里就包含有线电视。

2006年，中共中央办公厅、国务院办公厅印发《2006—2020年国家信息化发展战略》，第一次明确提出了我国向信息社会迈进的目标。

广电的网络在农村应用逐渐弱化，在很多农民的认知里，广播电视是党委政府的喉舌，广电网络有政府的支撑，国家政策补贴都是给广电的，包括低保、困难户等，七十岁以上老人免费装电视网络的福利，都是广电的事情。相对比的是，三个商业巨头在农村地区迅猛发展，中国电信在数字乡村建设工作中所取得的成果显著：中国电信近年来累计为约 5.2 万个行政村通光纤，建设超 1.5 万个 4G 基站，实现了在主导区域、行政村光宽覆盖率达 97.5%，4G 网络全国乡镇覆盖率达 100%，行政村 4G 覆盖率达 96%。联通的业绩也是让人眼前一亮，截至 2022 年 6 月，中国联通的移动通信网络，除西藏外的乡镇覆盖率已经达到近 100%，光纤宽带覆盖行政村 30.8 万个。中国移动全国行政村 4G 网络覆盖率已经超过了 98%，建档立卡贫困村宽带网络覆盖率超过 97%，中国移动于 2021 年 9 月 23 日发布了《数智乡村振兴计划》白皮书，提出 2025 年末基本实现行政村 5G 网络覆盖。

2017 年上海财经大学搞了"千村调查"，这是上海财经大学自主创立的大型社会实践品牌。基于对千余学生"走千村、访万户、汇民情"调研回来的万余问卷的分析，上海财经大学发布《2017 中国农村互联网应用报告》。报告认为，当前的中国经济社会的发展还存在明显的"二元结构"问题，城乡之间的二元结构也存在于互联网发展领域。重视和加强农村互联网基础设施建设及其应用发展，不仅能有效地缩小城乡"数字鸿沟"、化解二元结构的诸多矛盾，也可以数字化助推乡村振兴。

千村调查结果显示，虽然作为基本通信工具的固话普及率在农村地区并不高，为 29.24%，但移动通信给予了农村地区弯道超车的机会，92.98% 的家庭拥有手机，尤其是原先的固话普及率最低的西部地区赶超最为明显。农村地区的家庭电脑拥有率平均为 44.37%，农村家庭互联网普及率为 62.19%，且地区差异不明显，显示出移动通信、手机普及为农村地区带来了进入互联网大家庭的机会。4G 网络已覆盖 88.43% 的被调研村庄，其中，西部地区相对较低。调研显示，村委会可通过专线/wifi 上网的比例为 85.15%，以村为基础，提供公共网络服务，有地区差异。

互联网络的普及，促进了农村其他各项公共服务的发展与完善。比如，互联网可以把城区的优质教育资源引入乡村学校课堂；互联网让农民在村里的卫生室就能看上县医院的好医生；互联网让农民到家门口的综合服务中心就能一站式办理养老金领取、医保结算……越来越多的城市公共服务资源借助互联网的翅膀进村入户。通过互联网缩小城乡公共服务差距，潜力巨大。互联网能够加强信息资源整合共享与利用，推进各部门涉农政务、便农服务等信息资源共享开放、有效整合，加快进村入户。当然，还需要继续提升农民运用互联网的能力。在不少农村，留守在家的多为老人和儿童，他们中还有不少人不能熟练使用互联网。对此，不少地方通过开设智能手机和电脑培训班，针对性地进行"上网扫盲"，取得了很好的成效。一些地方通过发挥电商服务站工作人员、大学生村官、驻村工作队员和志愿者的作用，手把手指导，随时帮助农村"互联网新手"，解决上网过程中遇到的问题。经过培训和指导，不少农民数字素养有了大幅提升，使用 App、拍短视频、网购样样在行，有的还做起了电商生意。

就现阶段的发展来看，全国手机网民的数量已经近 10 亿，而这个数量还在不断地增长，农村地区的手机网民数量也在不断增大，这样的普及率使得农业科技以手机为媒介进行传播成为必然之选，结合国家的新农村建设，今后的手机网络用户将会更大。这样的基数之下，民众之间的相互影响、相互学习也是不可忽视的。而且，随着智能手机技术的不断完善，价格还会不断地下降，手机用户还会不断增长，手机的作为一个最为快速的现代传媒媒介必将成为农业科技传播的强大助力。

借助互联网络，农村公共服务"最后一公里"逐步被打通。政府通过利益置换机制，与金融、医疗、通讯、电力、保险等各类服务型企业合作，能够实现可持续发展。在这种模式中，政府从不擅长的部分公共服务中抽身，减少了行政开支，激发了市场主体积极性，也让农民最终受益。

农村网络服务的发展将促进乡村信息化建设的步伐，因此我们下一步如果继续研究，应该分析农村信息化网络的流通模式和渠道，分析农村传播系统中表现出的特点与差异性问题。网络传播的发展也必定带来农业科技推广服务的新态势。

附　录

访谈提纲：

一、对农户：

1. 家庭成员、年龄、受教育情况

2. 经济状况（新技术采纳前后对比）

3. 采纳新技术的投入（人力、资金等）

4. 和当地政府官员的关系，是否担任过村或其他干部

5. 参加什么社团，家人有无在外求学或工作，外出家庭成员的受教育程度和职业，是否保持紧密联系，外出家庭成员是否提供科技信息、市场信息或提供资金支持

6. 从何处获得新技术有关信息

7. 享受过政府哪些帮助（信息、技术支持、贷款、奖励和资助），什么时间？有没有主动争取政府的信息和资助，从何处得到政府信息，得到过什么样的信息和服务

8. 市场信息从何而来，如何看待这些信息

9. 有没有来自本村的压力，压力的时机和形式（试验阶段被怀疑、失败时被嘲笑、富裕时有其他问题……）

10. 对富裕程度的评估，对自家的评估（什么叫富裕，谁家富

裕，因何富裕，评估是否随时间变化）

11. 家中媒介拥有和使用情况：

（1）有无订阅报纸杂志，喜欢看报纸或杂志上的什么栏目，有没有采纳过关于新技术的文章或广告内容，有没有购买过报纸或期刊上介绍的有关新技术使用的产品或服务，对报刊有什么意见

（2）有无电视、收音机，收看收听什么频道，最喜欢什么节目，对农业科技电视或广播节目有什么意见

（3）有没有购买过有关新技术的书籍，对书中内容有什么认识和感想

（4）有没有参与过大众媒体中的活动或与媒体联系，比如给媒体提意见、直销购物、给媒体提供线索等

（5）有无电脑和手机，网络拥有和使用情况，什么时间购买了电脑和手机，从网络上获知并采纳了什么农业新技术

12. 当初如何下决心采纳新技术？是因为政府帮助和承诺，还是看到别人使用并已经致富，还是家中外出人员的坚决推荐等

13. 有没有带动别人使用过新技术，向谁推荐和介绍过新技术

14. 采用几种新技术的成本如何，对可能的风险怎么预测和防备

15. 采用新技术与采用家庭当时经济状况的关系，没有采纳新技术的原因（采用了其他新技术，没有资金，没有市场信息，没有交通工具，没有足够精力，经济风险太大，担心没有销售渠道……）

16. 对新技术采用了又退出者的访谈：退出原因

二、对政府：

对政府工作人员访谈：对农业新技术推广的最初想法、推广形式、推广结果、反馈信息处理等。

农村产业结构调整有关文件、农业技术推广部门农业新技术推广相关文件、农业新技术使用相关统计资料。

参考文献

1. [法]H· 孟德拉斯 . 农民的终结 [M]. 李培林 , 译 . 北京：中国社会科学出版社 ,1991.

2. [美] 埃弗雷特 ·M· 罗杰斯 . 创新的扩散 [M]. 北京 : 中央编译出版社 ,2002.

3. [美] 施坚雅 . 中国农村的市场和社会结构 [M]. 北京 : 中国社会科学出版社 ,1998.

4. [美] 黄宗智 . 长江三角洲小农家庭与乡村发展 [M]. 北京 : 中华书局 ,1992.

5. [美]J· 米格代尔 . 农民、政治与革命——第三世界政治与社会变革的压力 [M]. 北京 : 中央编译出版社 ,1996.

6. [美] 柯克·约翰逊 . 电视与乡村社会变迁 [M]. 北京 : 中国人民大学出版社 ,2005.

7. [英] 弗兰克·艾利思 . 农民经济学——农民家庭农业和农业发展 [M] 胡景北 , 译 . 上海：上海人民出版社 ,2006.

8. [美] 西奥多 ·W· 舒尔茨 . 改造传统农业 [M] 梁小民 , 译 . 北京 : 商务印书馆 ,1987.

9. 边燕杰 . 市场转型与社会分层——美国社会学者分析中

国 [M]. 北京：三联书店 ,2002.

10. 常昌富 , 李依倩 . 大众传播学：影响研究范式 [M]. 关世杰等 , 译 . 北京：中国社会科学出版社 ,2000.

11. 陈崇山 , 孙五三 . 媒介・人・现代化 [M]. 北京：中国社会科学出版社 ,1997.

12. 方晓红 . 大众传媒与农村 [M]. 北京：中华书局 ,2002.

13. 费孝通 . 江村经济——中国农民的而生活 [M]. 北京：商务印书馆 ,2001.

14. 国风 . 中国农村经济结构创新分析 [M]. 北京：中国财政经济出版社 ,2000.

15. 金兼斌 . 技术传播——创新扩散的观点 [M]. 黑龙江：黑龙江人民出版社 ,2000.

16. 林毅夫 . 再论制度、技术与中国农业发展 [M]. 北京：北京大学出版社 ,2000.

17. 刘晓红 , 卜卫 . 大众传播心理研究 [M]. 北京：中国广播电视出版社 ,2001.

18. 孙立平 . 断裂——20 世纪 90 年代以来的中国社会 [M]. 北京：社会科学文献出版社 ,2003.

19. 贺雪峰 . 新乡土中国 .[M]. 广西：广西师范大学出版社 ,2003.

20. 吴毅 . 村治变迁中的权威与秩 [M]. 北京：中国社会科学出版社 ,2002.

21、徐小青 . 中国农村公共服务 [M]. 北京：中国发展出版社 ,2002.

22、阎云翔 . 礼物的流动——个中国村庄中的互惠原则与社会

网络 [M]. 上海：上海人民出版社 ,2000.

23. 林万龙 . 中国农村社区公共产品供给制度变迁研究 [M]. 北京：中国财政经济出版社 ,2003.

24. 杨戈 . 走向现代农业——农业现代化与创新 [M]. 北京：中国经济出版社 ,2003.

25. 张晓冰 . 对农民让利——一个乡镇党委书记的工作笔记 [M]. 西安：西北大学出版社 ,2002.

26. 盛洪 . 为什么制度重要 [M]. 河南：郑州大学出版 ,2004.

27. 周晓虹 . 中国社会与中国研究 [M]. 北京：社会科学文献出版社 ,2004.

28. 刘斌 . 中国广播产业制度创新 [M]. 北京：中国传媒大学出版社 ,2005.

29. 赵化勇 . 制播体制改革与电视业发展问题研究 [M]. 北京：中国传媒大学出版社 ,2005.

30. 谭英 . 中国乡村传播实证研究 [M]. 北京：社会科学文献出版社 ,2007.

31. 李红艳 . 乡村传播与城乡一体化——北京市民与农民工传播关系之实证研究 [M]. 北京：社会科学文献出版社 ,2009.

32. 李红艳 . 乡村传播学 [M]. 北京：北京大学出版社 ,.2010.

33. 胡正荣 , 李继东 . 中国广播电视公共服务体系：目标与实践研究 [M]. 北京：中国广播电视出版社 ,2010.

34. 费爱华 . 话语交易：乡村社会及其治理中的人际传播 [M]. 杭州：浙江大学出版社 ,2013.

35. 徐艳 . 社会公正视域下的农民工报道传播模式变革 [M]. 天

津：南开大学出版社,2014.

36. 孙秋云等.电视传播与乡村村民日常生活方式的变革 [M]. 北京：人民出版社,2014.

37. 南方农村报.从涉农媒体到三农综合服务商 [M]. 广州：南方日报出版社,2015.

38. 李舒东等.新媒介素养教育 [M]. 北京：高等教育出版社,2015.

39. 杨星星,孙信茹.田野中的传播与乡村社会 [M]. 北京：民族出版社,2015.

40. 陈娟.面向农民工的社区传播探析 [M]. 北京：中国传媒大学出版社,2016.

41. 刘丽.基于社会网络的农村科技信息创新扩散研究 [M]. 合肥：合肥工业大学出版社.2017.

42. 贺雪峰.最后一公里村庄 [M]. 北京：中信出版集团,2018.

43. 朱月季.基于演化视角的农业创新扩散过程研究 [M]. 北京：中国经济出版社,2019.

44. 真实故事计划.快手人类学 [M]. 北京：台海出版社,2021.

后　记

写完最后一个标点符号，望着楼外郁郁葱葱的植物，微微松口气。但沉重感也因此而起：一件事情的结束其实是另一件事情的开端。在农村发展这个领域里，需要学习和研究的太多太多了。越是研究，越觉得自己需要调查和挖掘的还有更多；越是访谈，越觉得我国的农村和农业需要我辈中人去努力的地方太多了。

做研究与做记者是一样的，要客观冷静只能旁观，想去改变什么往往觉得力不从心，虽说能把真相传播出去就算成功，可是当面对一些无能为力的事情时，滋味莫名。就在这本书结束之前，我很是欣赏的那位村支书被免职了。我只是从农业新技术扩散的角度来看，他对市场有着很好的把握，对于政府的有关政策又研究彻透，确实给老百姓带来了实惠，这样的身份使他能成为更好的舆论领袖。但是，乡村基层又是"千条线一根针"的状况，要想方方面面都做好是很有难度的。但是我又困惑，到底什么样的人才能做好这个领导者呢？农业新技术的扩散工作任重而道远。

我从来不是一个合格的研究者，甚至也算不上一个合格的学生。我能积攒这些研究资料，都是恩师孙五三老师的功劳，她从我上学时就逼着我看书写读书笔记，给我布置作业，对我写的东西一遍一遍提出问题和修改意见。毕业后还跑到我的家乡来了两次，一方面是搞她自己的研究，一方面继续带我调研，让我知道了什么是学者风范，也让我理解了什么叫"板凳要坐十年冷，文章不写一句空"。她不仅带我搞研究，更主要的是教我做人。我记得上学的时候，我曾经在中秋节给她送了一盒月饼，她不但没收，还把我批评了一顿。那些话字字句句都在耳边，我到现在还记着：做人要不忘初心。毕业近二十年了，我想我可以说一句，老师我没有辜负您的期望。我现在也是一名教师，也学着当时恩师的样子去训练学生，不断带他们参加实践锻炼，虽然有时候也被误解，可是我不害怕，因为他们终究都会长大，有一天回望来时的路，就能明白我如今的心情了。

其实我也算不上一个合格的孩子，所以这里必须要感谢父母，他们在我成长的路上付出了多少心血和支持是无法计数的。单单是写这本书，他们就为我付出大量时间和精力。几乎每一次在老家做调研，都是母亲陪我一起。多年在外求学工作，我对乡亲其实不是很熟悉，所以父母要放下忙碌的农活去陪我访谈，他们学会了帮我录音，甚至能比我更准确地向访谈对象提出问题。因为我说话有时候太过"文绉绉"，让乡亲不知所云，他们更接地气的"翻译"让我轻松了很多。后来，又把这种访谈任务带到了婆家，二位老人也是一样支持我的工作，陪我到处调研访谈。当然也要感谢所有的父老乡亲，百忙之中抽出时间来陪我"聊天"，知无不言，言无不尽。

在家庭里，我又算不上一个合格的妻子和妈妈，所以必须重点感谢一下我的爱人——王猛。为了工作，我在家里干的家务向来是马马虎虎，本来结婚前还能把饭做熟，后来长期饭来张口等着我爱人把饭做好，慢慢就功能退化。有时候他出门几天需要我下厨房，我进去以后就会"拿刀四顾心茫然"，不知道该如何下手了！接送两个孩子上学放学的任务也都交给了他，因为我虽然有驾照却不会开车，甚至我上班下班也需要他接送，我要出门调研，他也是"专职司机"，还得为我提供各种可能用得上的资料。他的支持是我的不竭动力。

感谢烟台大学的领导和同事，感谢我的许多学生，参与了调研，他们是烟台大学文学与新闻传播学院新闻系 2022 级的宋欣鸿、陈文乐、孙慧君、李嘉欣、孙荣基等。刚刚大一，他们就以十万分的热情投入了各种实践和调查之中，积极参加各种比赛，在他们身上，我见识了"后浪"的力量。

何振波

2023 年 5 月